U0050850

高齡者身體活動設計與規劃

Physical Activities
Design and Planning for Older Adults

洪大程◎主編　　侯青雲等◎著

謝董事長推薦序

依據行政院主計處的統計，至民國100年臺灣地區65歲以上的老人已達2,487,893人，占總人口的10.74%。依行政院經建會2009年推估，106年我國高齡人口將達14%，約331萬人，進入高齡社會（Aged Society），我國將成為全世界老化速度最快的國家，如何協助其準備及適應老年期，將是社會教育之重要使命。

國際組織與先進國家為因應高齡社會的來臨，相繼將老年政策列為國家發展的重點策略之一，並陸續投注心力與資源。1971年美國老化研討會強調要重視高齡者的需求；1974年聯合國發表老年問題專家會議報告，建議重視高齡者的差異性，所有國家都應制訂提高高齡者生活品質的國家政策；1986年日本提出「長壽社會對策大綱」，1995年進一步頒布「高齡社會基本法」，更加重視有關老人的相關措施；1996年國際老人會議重提「老人人權宣言」；因應這股高齡化的國際潮流，聯合國遂將1999年訂為「國際老人年」，希冀各國同心協力共同創造一個「不分年齡、人人共享的社會」。

相對於世界各國對高齡社會的關注及高齡者問題的多元因應政策，迄今，我國對高齡者有關政策仍以社會福利、醫療照護居多；教育部民國95年進一步提出「老人教育政策白皮書」，期藉教育的力量，使民眾瞭解社會正面臨快速老化的嚴厲考驗，以及具備正確的態度來看待老化現象，並具備適應高齡化社會的能力。

世界衛生組織在「活躍老化：政策架構」報告書中，將健康（health）、社會參與（participation）和安全（security）視為活躍老化政策架構的三大支柱。如何長期維持活絡的身心機能、樂活養生、過著身心愉悅的老年生活，創造生命的另一個高峰，是高齡者

人生重要的課題。總體來看，我國面對高齡社會與高齡者議題已著手因應。

近年，產、官、學相繼提出老人年金、高齡健保政策，足見社會對老人議題極為重視與關注。作為一位醫界的成員，筆者主張人無法迴避老化現象，但卻可以「活躍老化」；就此，多年來倡議「三養生活」以作為高齡者生活的重心：

1.營養：能關注飲食的適量。
2.保養：能適時的維持運動。
3.修養：能以善心善行自修。

果如此，當可達到「老有所養」、「老有所學」、「老有所尊」、「老有所樂」的體現，而我傳統文化所追求的「老吾老以及人之老」將可獲得具體實踐。爰此，本系列叢書由本校許義雄榮譽教授的主持下，邀請多位學者專家分別就：醫療照護、養生保健、運動介入、休閒旅遊、社會參與、照顧政策及價值重塑等面向，共同編撰一系列高齡者健康促進叢書，從宏觀的角度，整合多面向的概念，提供高齡者健康促進更前瞻、務實且具體的策略與方案，亦是對「三養生活」最佳的闡釋。

本校民生學院於民國90年成立「老人生活保健研究中心」強調結合學術理論與落實生活實踐，提供科技人文整合之老人生活保健研究、社會教育、產業合作、社區服務等專業發展。於近年內完成多項就業學程之申請（「老人社會工作就業學程」、「銀髮族全人照顧就業學程」）、舉辦「樂齡大學」、每學期辦理校園內老人相關專業講座及活動多達十餘場；包括老人生活、食、衣、住、育、樂、醫療保健、照顧服務、長期照顧等，讓學生、參與學員及長

者，除了獲得老人相關專業知識外，並培養學生對長者關懷與服務之精神。而編撰此系列高齡者健康促進叢書，亦是秉持本校貢獻專業，關懷長者的用心，更是體現落實「教育即生活，生活即教育」的教育理念的體現。在對參與學者利用課餘的投入撰述表達深切的敬意時，謹以為序。

實踐大學董事長

謝孟雄 謹識

陳校長推薦序

　　隨著醫藥科技與公共衛生的長足進步，以及生活環境的大幅改善，致使全球人口結構逐漸高齡化，高齡人口的比例上升，平均壽命逐年延長。已開發國家中，65歲以上人口比例多數已超過7%以上，甚至達到15%，而且比例仍在持續成長中。從內政部人口結構變遷資料顯示，民國83年我國65歲以上高齡人口總數，占總人口數的7%，已符合聯合國衛生組織所訂之高齡化國家標準；推估時至130年，我國人口結構中，高齡人口比例將達22%；也就是說，不到五個人中就有一人是高齡者，顯示一個以高齡人口為主要結構的高齡社會即將來臨，這是一個必須嚴肅面對的課題。

　　有鑑於臺灣人口高齡化之發展，需要大量的高齡社會專業人力，本校於99學年在謝孟雄董事長及許義雄榮譽教授的大力推動下，成立「高齡健康促進委員會」。結合校外友校資源，共同朝建置高齡健康促進叢書，倡議高齡健康促進服務方案新模式，進行高齡體適能檢測常模及老人健康促進行為，進行培育體育健康促進之種子師資，推廣有效及正確之中高齡長者運動健康促進方案，提升全國樂齡大學及樂齡學習中心，希望將高齡者運動健康促進能透過學術資源。同時，本校民生學院設有「老人生活保健研究中心」推廣「老人學學分學程」、老人相關就業學程及產學合作案，設有「高齡家庭服務事業碩士在職專班」，推廣部設有「老人保健學分班」。於97學年度承辦教育部「大學院校開設老人短期學習計畫」，舉辦「優活人生——實踐銀髮元氣體驗營」，旨在以「優活人生」為核心，透過「健康人生」、「美麗人生」、「元氣人生」、「和樂人生」、「精彩人生」等五大主軸課程設計，規劃

多元學習模式，如「代間學習」、「住宿學習」、「旅遊學習」、「小組討論」、「專題講座」、「經驗分享」、「體驗學習」、「成果展演」等，協助高齡者成為終身學習、獨立自主、自信尊嚴、健康快樂的活躍老人。該活動也招募大學生擔任樂齡志工，協助高齡長者認識校園並融入校園，讓學生與高齡者能共聚一堂一起上課，促進世代交流與共教共學之機會。參與該活動之長者，皆給予該活動高度肯定，對於能深入校園一圓當大學生之夢想深表感謝與感動。

為落實對高齡者的健康促進，於彰化縣二水鄉的家政推廣實驗中心進行推廣。四十年來，在實踐大學辦學理念、專業規劃及師資支援下，拓展成唯一一所兼具「老人大學」、「社區大學」、「生活美學」、「媽媽教室」的社會教育重鎮。老人大學的成立，係以貫徹「活到老、學到老、玩到老、樂到老、活得好」的精神，希望藉著各項研習課程，讓中老年人在課程當中交誼、在課程當中擴增視野，在課程當中活健筋骨，在課程當中增進身心的健康，並且在生活當中享受優質、活力的智慧人生。教學深入各社區，除了有助於社區老人研修外，更有利於各地區的文化深耕運動。

我國在面對高齡社會與高齡者議題已然積極著手因應，為求整合性作為，是以在本校許義雄榮譽教授的主持下，邀請多位學者專家分別就：醫療照護、養生保健、運動介入、休閒旅遊、社會參與、照顧政策及價值重塑等面向，共同編撰一系列高齡者健康促進叢書，從宏觀的角度，整合多面向的概念，提供高齡者健康促進更前瞻、務實且具體的策略與方案。在對所有參與學者表達敬意時，謹以為序。

實踐大學校長

陳振貴 謹識

總策劃序

　　高齡者的問題，不只是國際問題，更是社會問題。一是家庭形態改變，核心小家庭，經濟負擔加劇，高齡者的生活照顧頓成沉重負擔；二是價值觀丕變，現實功利主義盛行，從敬老尊賢，到老而不死是為賊的隱喻，徒使高齡社會面臨窘境；三是生命的有限性，生、老、病、死，終究是人生宿命，健康走完生命旅程，成為人類共同面臨的重要挑戰。

　　因此，自聯合國始，至各國政府，莫不竭盡所能，研擬適當因應策略，期使舉世高齡者，能在告老返鄉之餘，安享天年，無憾人生。其中，從高齡者的食、衣、住、行到育、樂措施，從醫療、照護到運動、休閒，無一不是以高齡者之健康促進為考量。

　　具體而言，從1978年世界衛生組織（WHO）發表「人人健康」宣言，力主「健康是權利」以來，各國莫不採取相應對策，保障人民健康權利。特別是1982年，「聯合國維也納世界老人大會」在通過「維也納老人問題國際行動方案」之後，陸續推出「健康城市計畫」（1988），「聯合國老人綱領及老人之權利與責任」（1991）、「聯合國老人原則」（1992）、「健康促進策略」（1998）、「老人日的訂定」（1999）、「馬德里老化國際行動方案」（2002）、「飲食、身體活動與健康全球戰略」（2004），及「飲食、身體活動與健康全球戰略：『國家監控和評價實施情況的框架』」（2009）、「關於身體活動有益健康的全球建議」（2010）、「為健康的未來做改革」（2012）等。可以說，聯合國作為火車頭，帶領著各國建立：(1)健康的公共政策；(2)創造支持健康的環境；(3)強化健康社區運動；(4)發展個人健康技能；(5)調

（右側直書）總策劃序

整衛生保健服務取向等政策；讓老人能有獨立、參與、照護、自我實現與有尊嚴的晚年。

　　因此，各國或立法，或研訂行動方案，落實全球老人健康之維護。如「日本老人保健法」推動「老人保健事業」（1982），訂定「健康日本21」（2000）；韓國「敬老堂」政策之推進（1991）；美國「健康國民2000」（1994）；中國「全民健身計畫—國民健康整建計畫：健康人民2000」（1994）；德國「老人摔倒預防計畫」及「獨居老人監控系統」（2012）等等；其中，尤以芬蘭的「臨終前兩週才臥床」的策略，最為世人所稱道。

　　近年來，台灣積極推動「老人健康促進計畫」（2009-2012），公布邁向高齡社會「老人教育政策白皮書」，提倡預防養生醫學、推動「樂齡大學」、舉辦「社區老人大學」、實施「老人體能檢測計畫」等，充分顯示政府對老人健康促進之重視。

　　實踐大學作為配合政府政策，培育人才之機關，旋即於2002年成立「老人生活保健研究中心」，同年並率風氣之先，開設二年制「老人生活保健研究所學分班」，2010年成立「高齡者健康促進委員會」，整合校內外資源，研擬高齡者運動健康促進系列叢書之編撰、高齡者體能檢測工具之研發、高齡者運動保健師證照之規劃、高齡者簡易運動器材之製作、高齡者健康促進推廣與輔導等，以理論與實際交融，學科與術科並濟，彙整志同道合之先進賢達，眾志成城，共同為社會略盡棉薄，冀期有助於促進國內高齡者之健康，成功老化，樂活善終。

　　本叢書以高齡者日常生活之議題為基礎，配合食、衣、住、行、育、樂之實際需要，如高齡者食品與營養、服飾設計、空間規劃、觀光旅遊、運動處方、身心靈活動設計等，約近十數冊，分門

別類，內容力求簡明扼要，實用易行，形式臻於圖文並茂，應可契合產官學界選用。尤其，撰述者皆服務於大學校院相關系所之碩學俊彥，學有專精，堪稱一時之選，著書立說，當為學界所敬重。

本叢書之問世，感謝實踐大學謝董事長孟雄之鼎力相助，陳校長振貴之全力支持，撰述同仁之勞心勞力，焚膏繼晷，尤其揚智文化事業公司之慨然應允出版，一併深致謝忱。惟因叢書編撰，費神費事，錯漏在所難免，尚祈方家不吝指正。是為序。

實踐大學榮譽教授
臺灣師範大學名譽教授
許義雄 謹識

主編序

　　由於醫療的進步、全民健康保險的施行及新生兒出生率的降低，使得台灣邁入高齡化的社會。當65歲以上的人口超過人口結構20%以上時，我們的社會環境一定會產生不同的需求。為了面對問題，台灣師大名譽教授許義雄老師和實踐大學校方，聯合了許多專家學者，從宏觀的角度探討問題，思考出版系列叢書的可能。

　　本書《高齡者身體活動設計與規劃》，首先是從年齡增長所帶來的生理、心理改變的角度來瞭解高齡者，再透過高齡者的視野來看待社會改變高齡者該如何自處，接著讓運動指導者瞭解國內外高齡者的活動有哪幾種類型，並在指導前要瞭解高齡者身體狀況的方法，最後由指導運動的專家來帶領低衝擊性的運動處方。所以，本書有從全民的角度、高齡者的角度、運動指導學習者的角度及運動指導專家的角度，來探討高齡者身體活動的種種。

　　本書共分為九章，內容分別為〈老化的概念〉、〈高齡者的心理變化〉、〈高齡者的生理變化〉、〈老化的社會變化〉、〈本國與國外中高齡者身體活動範例介紹〉、〈高齡者身體活動前評估〉、〈高齡者瑜伽運動〉、〈高齡者抗力球運動〉及〈高齡者水中有氧運動〉等章。

　　最後要感謝實踐大學董事長謝孟雄先生、台灣師大名譽教授許義雄老師、實踐大學謝宗興董事、實踐大學陳振貴校長等長者的指導鞭策；也感謝家立諾樂動生活學習中心及台灣水適能協會的協助，使得本書得以完成。

洪大程　謹識

2016/05/30

作者簡介

侯青雲

學歷　實踐大學家庭研究與兒童發展研究所碩士

經歷　台北市立中興醫院護理師
　　　　台北縣私立雙連安養中心行政組長
　　　　台南縣社區照顧關懷據點評鑑委員
　　　　扶輪社社友夫人訪問關懷獨居長者講習會講師
　　　　台灣老人保健學會理事
　　　　台北市松年福祉會總幹事
　　　　嘉南藥理科技大學老人服務事業管理系兼任講師
　　　　實踐大學家庭研究與兒童發展學系兼任講師

證照　老人保健師
　　　　護理師
　　　　公共衛生護理人員訓練證書
　　　　護士
　　　　助產士

錢桂玉

學歷　國立體育大學體育研究所博士

現任　國立體育大學運動科學研究所專任副教授

經歷　開南大學銀髮健康促進學系專任助理教授
　　　　行政院衛生署護理之家評鑑委員
　　　　阿公阿嬤健康活力Show評審
　　　　中高齡健康講座講師、老人陪伴學程講師

證照　中華民國營養師
　　　　中華民國體適能協會強力適能瑜伽師資認證
　　　　美國有氧適能（AFAA）重量訓練教練認證
　　　　初級救護證照（EMT1）

梁宛真

學歷 台北市立大學特殊教育中等學校教育學程

台北市立大學藝術學院舞蹈系藝術學士

現任 家立諾樂動生活學習中心任職教學部經理

經歷 美國seek展望教育中心台灣台北分部任職教學教師（應用行
為分析教師）

中華民國發展遲緩兒童家長支援協會任職執行秘書

台北市木柵高工綜職班教師

98-100年度身心障礙日─特殊兒童體適能檢測暨體能訓練營
講師

中和國小／光興國小舞蹈老師

中和何嘉仁美語舞蹈老師

證照 Yogafit老人瑜伽證照（特殊族群）

Yogafit瑜伽證照（初階yoga）

Bord Cerified Assistant Behavior Analyst 國際認證（副行為分
析師）

簡雅婷

學歷 台北市立體育學院技擊運動學系

現任 TAFA-AFIC水中體適能指導員證照講師／考官

台北市立大學水上及陸上運動學系兼任講師

台北海洋技術學院海洋運動休閒系兼任講師

台北榮總精神部向日葵學院體適能老師

經歷 前中興健身俱樂部委管：美商如新體適能部副組長

水中與陸上健身教學經驗十餘年

2000年亞青盃空手道錦標賽個人對打銅牌

證照 水中體適能指導員

SPINNING飛輪指導員

行政院體委會中級體適能指導員

洪大程

學歷 台北市立體育學院競技教練研究所博士候選
國立體育大學運動科學研究所碩士
輔仁大學體育學系

現任 實踐大學體育教育委員會副教授

證照 中華民國籃球協會C級裁判
中華民國大專體育總會C級排球裁判

蕭秋祺

學歷 國立台灣師範大學體育研究所博士

現任 實踐大學體育教育委員會副教授
台灣運動教育學會理事

經歷 九年一貫健康與體育領域教科書編撰委員暨教師研習講師

證照 中華民國籃球協會B級裁判
運動傷害防護員證
運動按摩員初級指導證

目　錄

高齡者身體活動設計與規劃
Physical Activities Design and Planning for Older Adults

Chapter

1

老化的概念

侯青雲

學習目標

老化是生命週期中最特別的部分，是一段不可逆、多元的過程。老化可區分正常老化與疾病老化或病理引起的老化，老化不等同是生病或疾病，疾病也絕不是老化的一部分。正確的瞭解老化所造成身體功能的改變，學習更多的老化知識，並避開加速老化的因子，讓老年期活得老且活得好。

　　人是從什麼時候開始老化？從開始受孕的那一刻起？或是出生之後即開始老化？老化又意味著什麼？健康的衰退、身體功能的喪失、孤獨寂寞、外表的改變。老化是不可避免的？還是經由心理調適、社會活動的參與、疾病的預防、食療或藥物控制等等就可延緩老化或抑制老化。老化被視為是從出生到死亡的一部分，老化是生命中自然的發展、必然的階段，是不可避免的過程。老年學專家認為老化是因為身體的自然修補功能遭到損害，造成身體器官和組織功能低下或無法正常運作，這是正常可預期無法恢復結構或功能的退化，最終將導致死亡。老化在早期如果沒有疾病或外在環境因素的影響，一般是不會有不適或異常的情形。老人若合併有其他疾病，將會有不同情況的病症出現。

一、與老化有關的特質

　　老化可經由健康的生活型態、維持健康促進以及預防疾病等相關活動，讓生活更有活力與多元。老年學專家分析與老化有關的特質包括：

1. 生理性的老化：身體的器官功能隨著時間衰退的老化。生物學家Devaies發現人類在25歲之後，細胞分裂減少，每隔十年有3%的肌肉細胞消失，因此25歲之後，每增加一公斤體重就是增加一公斤的脂肪。

2. 心理性的老化：對老化有正向態度的人，能夠享受老年生活，運用個人的能力與智慧，能夠應付一般狀況，即使身體功能缺失，也能有良好的精神狀態與適應能力。

3.社會性的老化：與社會的要求、自我感受、習慣有關，例如某個階段會參加文化活動，哪個階段會參加政治活動或藝文活動等。

4.功能性的老化：依身體功能狀況決定，但須與年齡相近者做比較，例如：視力、聽力、血壓、心跳等。

5.法律性老化：年齡是法律衡量的標準，社會共行的準則，例如：幾歲上小學、考駕照、當兵、投票、退休年齡等。

二、生物老化現象的類型

生物老化的現象包括：先天、後天及預定與偶發，因長時間及多種因素複雜的交互作用所造成的，主要可分成兩種類型：程式論（programmed）和累積論（stochastic）。

(一)程式論

程式論指出人的老化決定於基因時鐘，是先天的，這些基因會影響生物的改變造成死亡，一旦我們找到長壽基因而加上改造，長生不老將不再是夢想。而體細胞每次分裂，其染色體尾部的端粒（Telomere）就會耗損一些，當端粒不夠長時，體細胞就會停止分裂。在不斷分裂的細胞中，存在一種端粒酶（Telomerase）可以修補失去的端粒，如能將此酵素加入體細胞中，體細胞將可回春，恢復分裂能力。但人體是個非常複雜的組合，沒人確切知道當端粒酶被引進人體時，我們會變得年輕或是長滿了癌細胞。

(二)累積論

　　累積論認為人之所以會老化，源自後天器官長期的磨損與毒素的累積，或是個體在日常生活中長期不斷的遭到刺激，影響身體功能衰退或損傷。這一派理論主流──粒腺體退化假說、自由基假說、細胞膜假說。粒腺體是細胞內產生能量的裝置。自由基是食物消化分解變成能量的副產物，自由基會攻擊細胞膜，損害其功能，並產生一種毒素脂褐質（Lipofuscin），這種脂褐質的累積與老人痴呆症（即阿茲海默症）息息相關。自由基也攻擊粒腺體，減低它的生產效能，衍生更多的自由基，而讓粒腺體日漸衰退，自由基日趨活躍。

　　自由基還攻擊細胞基因的構成物──去氧核醣核酸（DNA），使其傳遞錯誤的遺傳訊息，造成不正常的產物，而使細胞喪失應有的功能，導致衰老死亡。細胞死亡會造成組織器官失調，人體也一步步走向衰亡。

　　理論上老化是有個別差異性的，累積論強調的是增強身體機能，避免機能受損，就能延緩身體功能低下，減緩老化，但老化及生命的長短是受很多因素的影響。老化並不是疾病，但可能會因疾病而影響功能，甚至會受壓力事件，造成器官功能衰竭，而加速死亡。每個人的老化速度不同，各個器官的老化程度也不相同，遺傳因素、生活型態（如抽菸、熬夜、營養不良、運動不足等）、年齡以及社經狀況都可能與老化的速度有關。

　　老化是多面向的，個人的生理、心理、社會都會互相影響，從人瑞的研究中發現多運動、低脂肪飲食、社會有敬老風氣是長壽的主要原因，敬老活動對老人造成很大的影響，因此老化現象也是一

種社會現象。

老化是時間累積的過程，老年學者李宗派提出老化年齡的分類：55～64歲為前老期，65～74歲為初老期，75～84歲為中老期，85～94歲為老老期，95歲～104歲為太老期，105歲以上為人瑞期，每個時期都有其特性與社會適應問題。另老年學者Karen Hooker指出老年族群比其他年齡層有更多的人格特質，對自我的認知及適應能力有很大的差異，如果想要發展出成功的老化，需仰賴個體與環境間的謀合。

三、成功的老化

老化是生命中的一個階段，如何讓老人晚年仍充滿活力、創造力與生命力，讓人不畏懼，老化更不是疾病的代表，正向的接受人生正常發展，享受成功的老化過程。成功老化的特質：

1.避免嚴重疾病的發生與失能。
2.能夠獨立生活並維持良好的體能狀態。
3.維持良好的認知功能，勇於接受挑戰及參與啟發性的活動。
4.熱衷參與社會活動。
5.對生理、心理、社會的改變，能夠有良好的適應能力與回應。

四、老化與疾病

高齡者並不一定是疾病纏身的，有些人在老年階段仍是健康有

活力的，但老化會造成身體器官正常的、可預期的、無法恢復的功能退化或結構的改變，其功能下降是緩慢進行的，而且表現也不明顯，但若伴有疾病或輕壓力時，很可能會造成器官功能的衰竭，而導致死亡。在高齡者身上，常常是老化與疾病共存的。

高齡者罹患各種疾病的機率相當的高，根據國民健康局在2007年「台灣中老年身心社會生活狀況長期追蹤（第六次）調查」當中發現有88.7%高齡者患有一種以上的慢性疾病，71.7%有兩種以上，51.3%患有三種以上的慢性病。常見的疾病包括：高血壓（46.7%）、白內障（42.5%）、女性骨質疏鬆症（29.7%）、心臟病（23.9%）、胃潰瘍或胃病（21.7%）、關節炎或風濕症（21.1%）。這些慢性病的發生，可能是從中年時期就開始，而在老年期才出現症狀。高齡者是用藥的最大族群，需耗用較多的醫療資源，依健保局（2008）資料顯示，個別高齡者的醫療費用是年輕人的3.3倍，而高齡者所花費的醫療資源為34.4%，老年疾病雖可經由治療來改善症狀，但無法完全加以治癒。

五、老化與記憶

大多數的高齡者認為自己的記性越來越差，而一般人也認為年齡越大，記憶力越衰退。

(一)與年齡有關的記憶退化

一般與年齡有關的記憶退化包括：語意記憶、情節記憶、隱性記憶、顯性記憶、短期記憶。

1. 語意記憶：指為知識性及真實的事實、學校方面所學到的內容，例如「921大地震」會聯想到地震的級數、傷亡情況、如何防震等相關知識。

2. 情節記憶：是指個人相當獨特的經驗記憶，例如個人某日發生車禍當時狀況的記憶。

3. 隱性記憶：不是由記憶中記取，而是由記憶中所得到的訊息作推理，例如「導盲犬有幾隻腳」記憶中可立刻回答四隻腳，因導盲犬是狗，而狗必定是四隻腳。

4. 顯性記憶：為意識的記取，例如老兵回想「823砲戰」的情節內容，是那麼的緊張、刺激，永遠記憶深刻。

5. 短期記憶：記憶依保留時間的長短來分類，分為短期記憶與長期記憶。短期記憶是指感官接受到外在的訊息之後，腦中會將這些訊息暫時儲存，但儲存的訊息相當有限，只能提供回應刺激或將訊息傳送到長期記憶中，高齡者因大腦額葉功能退化而影響了短期記憶的表現，短期記憶不好是因訊息處理過程變得較緩慢，而不是儲存的容量變少。短期記憶包括初期記憶與工作記憶，初期記憶不受年齡的影響，可以維持到老年都相當穩定。工作記憶會隨年齡增加而逐漸下降，尤其是年過七十之後的高齡者衰退幅度增大。

(二)高齡者記憶的特點

年齡的增加對情節記憶與工作記憶影響最大，影響最小的為初期記憶，而各種記憶所產生的影響大小和降幅也不盡相同。陳清美（2001a）研究有關高齡者記憶的特點：

1.有意義材料的記憶較好，無意義的材料或機械的記憶表現較差。

2.在有限定時間內的記憶能力表現較差。

3.短期記憶能力差，長期記憶能力保持較好。

4.再認能力不如年輕人。

5.不能主動應用編碼策略來幫助記憶。

6.容易受到自我應驗預言的影響，而使記憶能力表現不佳。

7.容易受干擾現象影響，而產生檢索的困難。

六、老化與學習

教育程度會影響高齡者參與學習活動，教育程度愈高，老年期參與學習活動的機會愈高。

(一)高齡學習者的身心特性

黃富順（1997）提出老年學習者的身心特性包括：

1.自尊心強，學習的信心低。

2.視覺、聽覺、肌肉系統及動作的改變。

3.自主與獨力需求。

4.注意力與記憶力的改變。

5.角色改變。

6.教育經驗。

(二)高齡者參與學習的因素

林麗惠（2002）研究指出，影響高齡者參與學習的因素包括：

1. 性別：參與者女性居多。
2. 年齡：參與者集中於59～64歲之間，未參與者以80歲以上居多。
3. 教育程度：以高中職以上居多，未參與者以自修識字者居多。
4. 婚姻狀況：參與者以已婚配偶健在者居多。
5. 健康狀況：參與者以自覺健康狀況良好者居多。
6. 經濟狀況：參與者以自覺經濟狀況相當充裕者居多，未參與者以經濟狀況相當困難者居多。
7. 居住狀況：參與或非參與者無顯著差異，均以固定與某些孫子女同住者居多。

高齡者學習受到許多因素的影響，包括有：智力、學習型態、學習技巧、學習干擾、學習動機、學習教材的意義、記憶力缺損、視聽覺敏感度、健康狀況、焦慮程度、作業速度等。

(三)高齡者參與學習的動機

高齡者學習的動機主要在於興趣和社交關係，Lamdin和Fugate（1997）研究發現，高齡者參與學習的動機依序為：

1. 樂在學習。
2. 是一種長期的嗜好與興趣。

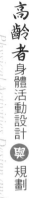
3.以社交為目的。

4.參與創造性的活動。

5.為培養新的興趣和嗜好。

6.消磨時間。

7.探討智慧與意義。

8.彌補早期教育的不足。

9.為社區服務。

10.為目前工作所需。

11.為新工作或事業做準備。

(四)影響高齡者參與學習的障礙

林勤敏（2002）研究指出，影響高齡者參與學習的障礙包括：

1.身心障礙：健康狀況不佳、行動不便、記憶衰退、年齡太大不能學習的刻板印象。

2.資訊障礙：不知道在何處可參與學習或如何報名。

3.機構障礙：沒有興趣的課程、年齡限制、學習氣氛不佳、專業教師素養不夠等。

4.情境障礙：交通、費用、沒有同伴、家人不支持等。

5.教育障礙：不識字、缺乏先備教育或相關知識等。

(五)高齡者學習內容的趨勢

為吸引高齡者參與學習活動，必須先瞭解高齡者想要學習的內容。高齡者學習內容的趨勢以：

1. 保健課程最受關注包括：運動、養生、醫療健康、疾病預防。

2. 偏好於實用課程，如理財規劃、飲食製作、生涯規劃、退休生活適應。

3. 休閒課程，如攝影、舞蹈、登山、郊遊。

4. 因個人背景變項的不同，而產生不同的需求，例如男性喜歡政治、社會課程；女性喜歡家庭、生活管理。

高齡者很容易被社區邊緣化，應走出戶外，多參與社團活動與學習課程，才不會造成心靈的空虛，透過學習能增進自我成長，增加與他人互動的機會，獲得更多的社會支持網絡。

七、老化與壓力

高齡者常見的壓力來源可分為：

1. 生理壓力：因老化、疾病影響身體功能的退化，而生理的衰退，造成內分泌系統無法有效的因應各項壓力，因無法處理壓力，也會造成身體功能的下降。

2. 心理壓力：A型性格的人，對可用數字來衡量的事情或同時做很多件事情、有競爭性的事，容易有壓力反應會緊張。

3. 社會的壓力：高齡者對喪偶或退休，會影響高齡者的認知，認為老了沒有功能，是依賴人口，因心態的改變，和家人的相處也可能變得有壓力。

4. 環境的壓力：非自願的改變環境，對環境的不熟悉或離開家人、好友，高齡者無法適應新環境，造成心理上不適應所引

起的環境壓力。

八、老化與人格特質

老化影響身體功能的衰退,逐漸失去健康,疾病的折磨,造成感官知覺變得遲鈍或行動不便,而被迫搬離現有的居住環境,因為親朋好友、至親的離開,無法適應退休後孤寂的生活及適應變遷的社會,而影響高齡者的行為特質。

高齡者的行為差異,除了個別性人格特質占重要因素外,其能力也影響行為的表現(張春典、楊國樞,1996)。不同的學說對高齡者的行為特質有不同的詮釋。而影響高齡者的人格及行為特質,在生理上,因老化而失去健康,造成高齡者行動不便或反應遲鈍;在心理方面,因為失去配偶及親朋好友、經濟的壓力、社會角色與環境變遷,迫使高齡者必須搬離熟悉的生活環境,移居至安養護中心或護理之家,如此更加深高齡者的孤寂感,也會影響高齡者的心理狀態(蔡文輝,2008)。

高齡者的人格特質及特性是從年輕的時候就存在的,並帶入到老年期。高齡者會因生活經驗、智力、文化背景、興趣的不同,其人格特質會有個別差異性,為了改變社會對高齡者的歧視與偏見,應將社會對高齡者的一些刻板印象、高齡者的感覺喪失與形象的改變以及基本的權利等,對社會負面的影響提升為高齡者對社會貢獻的正向價值,讓高齡者獲得更多的尊敬。

雖然人類的平均壽命在延長,但仍無可避免老化與死亡。老化會影響生活方式,因疾病的增加,應變能力降低,生活壓力增加,加上生活型態的改變,大家庭轉變為核心家庭,越來越多的婦女成

為職業婦女，讓家中的高齡者成為獨居老人或遊牧民族，到子女家輪流照顧。因此高齡者應積極擴展學習正常老化的知識，在經歷人生各個階段的發展及所需面對的適應問題，例如：健康問題、經濟問題、居住問題、社會角色與規範問題等，如何保持積極的生活型態與良好的人際關係，這些將會影響老年生活的幸福指數。

問題與討論

1.何謂老化？

2.老化對日常生活會造成哪些影響？

3.成功老化的基礎模式為何？

4.如何鼓勵高齡者參與學習活動的動機？

參考文獻

田秀蘭、鄧明宇、周鉦翔、黃秀雲、李嵩義（2011）。《老人心理學》。台中市：華格那。

江麗玉、蘇桂華、黃美瑤、鍾麗娟、陳全美、楊鎧玉等（譯）（2007）。Rebecca J. Donatelle著。《健康促進》（第二部）。台北市：華騰。

李宗派（2011）。《現代老人學》。台北市：洪葉。

林勤敏（2002）。〈高齡學習者的障礙與困難〉。《成人教育》，第65期，頁44-50。

林麗惠（2002）。《高齡者參與學習活動與生活滿意度關係之研究》。中正大學成人及繼續教育研究所博士論文。

張春典、楊國樞（1996）。《心理學》。台北市：三民。

陳清美（2001a）。《高齡學習者對學習環境偏好之研究》。國立中正大學成人及繼續教育研究所碩士論文。

黃富順（1997）。〈高齡學習者的心理特徵〉。《老人的社區經營與教育參與研究手冊》，頁119-132。台北市：中華民國社區教育學會。

黃富順（2004）。《高齡學習》。台北市：五南。

詹鼎正（2008）。《你應該知道的老年醫學》。台北市：台灣商務。

蔡文輝（2008）。《老年社會學》。台北市：五南。

顏兆雄、宋丕錕（2011）。《基層醫療之老年醫學》。新北市：金石。

Lamdin, L., & Fugate, M. (1997). *Elderlearning: New Frontier in an Aging Society*. AZ: Orxy Press.

Chapter 2

高齡者的心理變化

侯青雲

學習目標

高齡者常面臨許多生活中的問題,無法適當處理
生活難題的能力包括:強迫退休、喪失生命主控
權、心愛的人比自己早死亡、經濟問題、慢性疾
病纏身、缺乏社會支持系統等心理及情緒的困
擾。學習高齡者的心理變化,及如何適應生活上
的轉變,在高低起伏的人生中,發展出個人因應
生命變化的方式。

　　隨著人口的發展與社會文化的變遷，醫學科技的進步，人類壽命的延長，在高齡化的社會，不同世代間如何與高齡者建立起良好的人際關係，促進代間的團結與社會的和諧，讓年輕人能夠瞭解高齡者，感受到高齡者的價值，減少對高齡者負面的迷思，學習老化的正確認知，能夠關懷周遭高齡者，是一個重要的課題。

　　在台灣每七位高齡者就有一人有憂鬱傾向，高齡者因健康狀況不佳、社經地位降低、缺乏良好居住環境，造成社會疏離感，面對台灣65歲以上自殺的高齡者，高於一般人的3倍，是自殺的高危險群，高齡者的心理健康是不容忽視的。

　　老化的過程會讓個體在生理及心理上產生若干的變化，生理的老化，常有很明顯的特徵，而心理的老化，在外表上沒有明顯的變化，也不容易被測量，因大多數的高齡者會產生心理特徵，認識老化的心理特徵，將有助於適應和應付老化所帶來種種的心理問題。

一、老人的心理特徵

(一)失落與分離

　　高齡者退休之後，即失去原有的身分地位與角色功能，因而產生退休後之心理危機，高齡者會有無用感、空虛與寂寞的想法，有時高齡者會用過去的成就來安慰自己，這是無用感的反射。高齡者因無用感產生的自卑感與退縮感，也會造成高齡者高度的心理防衛機能，有時也會產生心理的攻擊行為，例如：對親友的無理取鬧、溝通困難，或表現自艾自憐、需要他人幫助卻又不讓人協助的窘態。高齡者在生理機能衰退下，必須面對多重的喪失，而多重的喪

失是慢慢累積下來的，例如：體力喪失、聽力喪失、視力喪失、喪
失健康、喪失經濟、喪失身分地位、喪失親朋好友、喪失寵物，這
些喪失是快速且有侵入性的，是一種真實的威脅，這種的改變是無
法喚回的，會造成有些人亂發脾氣，或者採取逃避、退縮或孤立自
己的行為表現，但另外有些人則會參與社會活動，或對小事情也有
興趣，每個人對因應失落的方式是不一樣的。

　　在高齡者身體功能許可下，應鼓勵高齡者參與志願服務、宗教
團體或社會團體，在各種的活動中，高齡者可獲得某些社會角色與
功能，來彌補已失去的社會身分與地位，或由社會福利機構協助輔
導工作機會，讓高齡者從事計時、短時間的工作，或組成高齡者團
體，利用高齡者的專業，再創事業的第二春，微薄的收入，可補貼
家用，又可維護高齡者的尊嚴。

(二)孤獨寂寞

　　每個人在生命的某一個階段都會經歷到寂寞。寂寞是一種沒
有人關心到底發生什麼事情的感覺，表現出自憐的現象，想到自己
及期望別人能給他什麼，因此常造成剝削、自尊心下降及無助的感
覺。孤獨寂寞是高齡者常見的嚴重問題，影響孤獨寂寞的原因並不
相同，有可能是居住環境的改變、身體功能快速的降低、家人及親
朋好友的分離等，在以往這些改變可能都可應付，但隨年齡的增
加，可能就變成壓力的主要來源。高齡者長期處於孤獨寂寞感，容
易產生憂鬱症，嚴重時會造成高齡者自殺問題。一般年輕時個性外
向，有家人及朋友陪伴的人，在老年期比較沒有寂寞與自憐的感
覺。而女性的高齡者可經常從談話中談到寂寞，她們為別人並不瞭

解她們的寂寞，而感到悲傷、憂鬱與無助。

(三)悲傷

　　當個人在面對失落時，生理上的反應是：頭痛、厭食、腹瀉、出冷汗等。心理上的反應是：注意力無法集中、眼神呆滯、對外界不感興趣、焦躁不安，從無法相信到絕望。社會反應是：因喪失死者，而親友們聚會在一起，共同分擔哀痛的經驗。喪親對高齡者會造成很大的壓力與傷害性。當高齡者對失去親人產生矛盾情感時，會有強烈的罪惡感、後悔、希望表達更多的情感。

(四)焦慮不安

　　高齡者常因身體上的健康問題產生焦慮不安，有些人對身體功能的衰退，能以平常心看待，但有些人無法適應，容易心生焦慮與不安，這種莫名的恐懼，嚴重時會產生焦慮症。

　　高齡者抑制與性有關的表達，很多高齡者並沒有失去性慾，可是社會的觀點會讓高齡者有抑制性行為，禁止有關性的表達，尤其在性方面還活躍的高齡者，無法獲得性的宣洩，造成高齡者有焦慮的情況，導致高齡者會有更加依賴的行為及產生精神方面的疾病。

(五)活在過去

　　年過八十的高齡者，可能話會比較減少，但講到過去自己輝煌的歷史時，就會變得滔滔不絕，傾聽者絕不能說：「那些事情已經說很多次了。」高齡者以往的經驗，依舊是可利用在一般日常生活

上，讓高齡者覺得仍是很被重視、很重要的人。

(六)猜疑心重

　　高齡者因感官系統退化，影響到保護自己的能力，因為不安全感，加重高齡者的猜疑心，對人有較高的防備，夫妻間懷疑對方感情不忠、好友或子女偷竊財物，造成雙方反目成仇，甚至持刀相向，鑄成不可抹滅的遺憾。

　　高齡者健康出問題時，可能會影響日常生活之機能，包括食、衣、住、行各方面，都需要有人關心照顧，高齡者會擔心沒辦法受到妥善照顧。高齡者應多活動，學習照顧需要照顧的人，將來也會有人回饋來照顧你，做志願服務，也有心理治療的效果。

(七)不安恐懼感

　　高齡者因疾病纏身，會造成身體不適，例如：頭痛、腰痠背痛、肩膀痠痛、食慾欠佳、高血壓等症狀，嚴重時，無法主宰自己的日常生活，害怕死神到來，會造成家庭破碎。所以應鼓勵高齡者參與宗教團體，追求心靈上的慰藉，修身養性，避免心生恐懼。高齡者應走出戶外，多交朋友，多參與社會團體，多認識老伴，避免孤立。

(八)矛盾感

　　高齡者需要別人幫助時，卻又表現的不依靠別人，然後再抱怨子女的不孝，造成子女為避免被數落，而不願意接近雙親。

高齡者身體活動設計與規劃

Physical Activities Design and Planning for Older Adults

二、老人之心理危機

(一)居住環境之條件

　　絕大多數的高齡者都希望在家與子女同住，很多高齡者被迫需搬離自己熟悉的家園，幸運的高齡者，能夠與子女同住，但大部分的居家環境，很少有專為高齡者規劃的居住環境設施，包括：無障礙空間、安全扶手、高度適當的傢俱、安全的衛浴設備等。高齡者在心理上有潛在性跌倒的危機，低收入的家庭或獨居老人可向鄉鎮公所申請修繕補助及高齡者安全措施，例如：安裝緊急通報系統、預防走失愛心手鍊等保護措施。

(二)虐待與疏忽

　　指高齡者身體受到虐待，例如：故意推撞、燒灼傷、不必要的禁錮、綑綁、限制自由等。疏忽是指故意或非故意之職務上的失誤行為，沒有盡到照顧高齡者的責任，導致高齡者的身心遭到損傷，也包括情緒或心理的虐待、性行為之虐待、財務上之剝削行為、自我虐待與疏忽。「老人保護專線」為高齡者行使公權力，對高齡者虐待與疏忽者，採取嚴厲的處罰，以保護衰弱的高齡者。

(三)性愛需求

　　老化的生理變化會影響性需求與性反應，但不代表沒有性慾，高齡者的性交流是多方面的，最重要的是感情上的和諧與依戀，高齡者要善於表達感情與接受他人的感情，保持積極樂觀的生活態

度，一般人更不可對高齡者做道德的批判，應用尊重關懷與支持的態度。

(四)死亡的威脅

高齡者必須面對許多生活事件的壓力，例如：親友的凋零、喪偶、慢性疾病纏身，造成死亡的威脅，若缺乏社會與家庭的支持，高齡者很容易罹患憂鬱症，此時需要家屬的關懷照顧，並提供社會支持，積極參與社會活動，讓高齡者安度溫馨的晚年。

三、高齡者的需求

台灣老年人口超過230萬人，如此龐大的人口群，相對的高齡者的需求將大增，需要別人的幫忙，目前台灣高齡者迫切的需求包括：

(一)經濟安全

高齡者的經濟能自主，才能享有尊嚴及健康學習，對未來充滿希望，高齡者需要被關心，重視生命安全，避免被虐待。

(二)醫療保健

高齡者保健醫療以預防疾病發生，早期發現問題，減輕病況或惡化，降低死亡率、罹病率。

(三)居住安養

大多數的高齡者都希望能夠在地老化，在自己熟悉的地方終老，藉由社區的關懷、人力的支援，得到適當的照顧。

(四)休閒娛樂

建立高齡者適合的休閒娛樂活動，增加新的社交群體，高齡者的文康休閒活動需求以「戶外郊遊」的比率最高。

(五)居家服務

高齡者住在自己熟悉的環境，針對個人的需求，做套裝式的服務，讓高齡者得到社區式的照護服務。

(六)終身教育

協助高齡者因應萬變的社會環境，促進高齡者適應社會及家庭和諧，減緩老化速度。

四、高齡者心理調適

高齡者因身體功能的退化，家人應協助請教醫師，給予必要的配備，例如：眼鏡、助聽器、假牙、假髮、助行器、輪椅、拐杖等輔助用品，以維持高齡者日常生活功能，家人並給予精神上的支持與鼓勵，與高齡者維持良好密切關係，高齡者保持健康的身體，也

才會有健康的心理。

　　老化問題所衍生的高齡者心理議題，高齡者是需要有足夠的時間適應，接受老化的事實，高齡者的生活適應可分為生理、心理、家庭和社會等幾個部分。生活模式的改變，重新設定新的生活角色與意義，尋求替代性的支持管道與資源。這是一個終身學習的時代，學習能夠改變一個人的認知、觀念、行為、態度與價值，讓高齡者有更多正面積極的思考，消除不良的負面情緒，保持良好的情緒狀態。

五、高齡者常見精神疾病

(一)憂鬱症

　　高齡者常因生活型態的改變，以及角色的轉換，很容易患有憂鬱症的傾向而不自知，如果再與社會的互動不佳，且一般人很容易把憂鬱症的症狀當成是老化的一部分，而延誤就醫的情形，因而影響高齡者嚴重的身心問題。

　　高齡者常患有多種內科疾病，而這些疾病引起憂鬱症或可能導致憂鬱症惡化，或憂鬱症也可能導致內科疾病惡化。高齡者因較少抱怨情緒低落，因此要診斷憂鬱症較困難，憂鬱症的高齡者身體症狀為臉潮紅、頭痛、失眠、眩暈、噁心嘔吐、腸胃不適、呼吸困難、心悸、身體痠痛、出汗、疲憊、頻尿。如果高齡者患有憂鬱症，在治療改善憂鬱症狀後，身體的症狀也會改善。憂鬱症的患者可能無法專心或思考變慢，導致記憶變差，因此常被誤認為患有失智症，稱為假性失智症（其智能是正常的）。

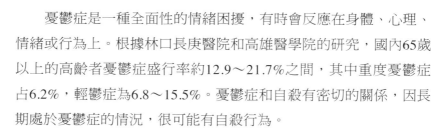

憂鬱症是一種全面性的情緒困擾，有時會反應在身體、心理、情緒或行為上。根據林口長庚醫院和高雄醫學院的研究，國內65歲以上的高齡者憂鬱症盛行率約12.9～21.7%之間，其中重度憂鬱症占6.2%，輕鬱症為6.8～15.5%。憂鬱症和自殺有密切的關係，因長期處於憂鬱症的情況，很可能有自殺行為。

患有憂鬱症的社區高齡者，有3.6%會出現精神病症狀，精神病症狀以妄想較常見，幻覺較少見，預後較差，較易復發，重複住院的機率較高，憂鬱症的高齡者表現較激躁，而不是情緒低落，合併焦慮的比率較高。

造成高齡者憂鬱症的影響因素，常因高齡者失去配偶、親朋好友、健康、退休等而產生失落感，如此無止盡的憂傷，若無法調適自己，就可能變成憂鬱症。

(二)妄想症

高齡者常會出現妄想的症狀，懷疑背叛、被下毒、有追求者，可以將生活中的事件，編到自己的思緒中，因此常被認為是「老番巔」，這可能和高齡者的處境有關，對應變能力降低，若和親朋好友相處不好，常有無法信任他人的現象，這可能和失智症或憂鬱症有關，此時應治療失智症或憂鬱症，才能改善妄想的行為。

妄想分為被害妄想和嫉妒妄想。被害妄想係指高齡者認為子女或身邊的人偷他的錢或物品、食物、被下毒，因害怕被偷，而將物品藏匿，但記憶不佳，所以常忘記藏匿點而怪罪別人。嫉妒妄想則常出現於伴侶中一方行動不便者或不喜歡參與社交活動，懷疑對方偷情，有被拋棄的感覺，有時還會有暴力現象。

(三)焦慮症

焦慮是因外界因素所造成的一種緊張狀態，常被視為是衝突後的結果。焦慮的程度可從輕微至恐慌不等。在精神醫學裡，焦慮症會不停的緊張、擔心、情緒不穩、容易有失眠情形、感到心悸、胸悶、呼吸困難，甚至可能有恐懼症、強迫症、恐慌症以及創傷後壓力症候群的發生，個性較內向或孤僻的高齡者較容易有緊張、焦慮的情形。高齡者和其他年齡層一樣，需要被重視，有相同的基本需要，雖然滿足的程度可能不同，但對愛的渴望、健康、安全、居家的需要是一樣的。

(四)失智症

◆失智症的起因

失智症是由不同疾病所引起的，包括：

1. 阿茲海默症（Alzheimer disease）：為最常見的病因，約占60%，主要特徵為腦內海馬迴出現老年斑，以及神經纖維糾結。
2. 血管性失智：主要因腦血管阻塞所引起，約占10～20%，病程較急性，其認知功能逐漸下降，走路步態異常，肢體麻痺痙攣、大小便失禁等。
3. 路易氏體失智症（Dementia with Lewy bodies）：主要特徵為疾病早期就有視幻覺、妄想、昏厥、注意力與意識起伏不定，不明原因的跌倒、顫抖、僵硬、運動緩慢、姿態不穩。

4.額顳葉型失智症（Frontotemporal dementia）：主要為腦部額顳葉萎縮明顯，發病年齡在50～60歲，特徵為明顯的行為改變、語言障礙、記憶受損。

失智症的病程大多是持續惡化的，約有1.5%的失智症可治癒，包括Vit B12缺乏、甲狀腺功能過低、葉酸、菸鹼酸（niacin）缺乏、硬腦膜下出血、良性腫瘤、頭部外傷、常壓性水腦、感染性疾病（神經梅毒、腦膜炎）、貧血、高血糖、血鈣、低血鈉這類病患的疾病狀況，治療後即有可能恢復認知功能。

行政院衛生署93年度委託台灣失智症協會所做的研究結果，台灣社區高齡者失智症的盛行率65～69歲為1.2%、70～74歲為2.2%、75～79歲為4.3%、80～84歲為8.4%、85～89歲為16.3%、90歲以上為30.9%，隨著老年人口的增加，預計未來失智症病患將會大幅增加。

◆ 失智症的精神症狀

失智症患者的行為精神症狀包括：

1.憂鬱：因失智患者的表達能力受損，因此要診斷是否有失智症較不容易，但其盛行率可高達50%。
2.妄想：病人有不真實的想法，並堅信不移。被偷妄想最常見，常見懷疑被偷東西或錢財。被害妄想常合併其他妄想、幻覺及攻擊行為。忌妒妄想則懷疑配偶有外遇。
3.幻覺：以視幻覺最常見，其次為聽幻覺，幻覺常與妄想同時存在。
4.焦慮：包括恐慌症、害怕獨處。

5.行為障礙：行為異常包括攻擊性的行為（如喊叫、謾罵、打
人、咬人）與非攻擊性之激躁（如睡眠障礙、飲食改變、貪
食、不恰當的言語、病態的收集行為、漫遊、重複言語行
為、不恰當的性行為）。

6.錯認症狀：約有30％有錯認症狀，錯認現在不在自己的家
裡、錯認不存在的人在家裡。

失智症患者可能會出現一種以上的異常行為，造成照顧者很大
的困難與負擔，因此患者常被送到長期照護機構照顧。

◆失智症的分類

失智症依症狀可分為輕度、中度、重度與極重度三類。

1.輕度失智症：語言表達能力欠佳，近期的記憶喪失、分不清
時間地點、找不到回家的路、對事情難下決定、對周遭的事
情缺乏興趣。

2.中度失智症：說話能力更困難、日常生活需仰賴他人協助、
有遊走情形、容易走失、異常行為越來越多。

3.重度與極重度失智症：失去語言能力及活動能力、無法自我
進食、無法辨認家人或熟悉的事物、大小便失禁、不適當的
行為表現。

六、如何與高齡者溝通

隨著人口的老化，每個人都有相當多的機會和高齡者相處或互
動，因此學習高齡者的心理與如何溝通，將可減少很多不必要的紛

爭。大部分的高齡者都希望能夠和子女住在一起或子孫經常陪伴在身邊說說話、聊聊天，享受天倫之樂，為什麼這個心願總是很難達成？不能同住、無法經常獲得關心的理由縱使很多，最大的問題在於不知道如何與高齡者溝通，年輕人抱怨高齡者難溝通、嘮叨、談話內容了無生氣、聽不懂內容、經常老調重提、重複問題等等，甚至很多的問題都是無解，造成很多的僵局或困境。

　　高齡者的生活方式和價值觀與其背後的歷史背景有絕對的關係，加上生、心理退化的轉變，可能造成高齡者的孤獨與寂寞、焦慮與無助、失落與空虛等感覺，所以瞭解高齡者的生、心理變化與學習如何與高齡者溝通，將有助於深入瞭解高齡者的思維與情感，進而達到其內心世界。

　　溝通可分為言語性溝通與非言語性溝通，言語性溝通藉由語言，經由聲音表達的溝通過程；非言語性溝通則由表情、肢體動作或寫信來達到溝通的效果。高齡者因老化、工作記憶力及理解力退化或障礙，造成大多數的高齡者接受外界訊息時需花較多的時間來思考訊息、處理訊息，且高齡者因人格較僵化，所以溝通方式應依其個性調整溝通方式。

(一)與高齡者溝通的類型

1.管家婆型：較好管閒事，與其溝通時，可多利用傾聽的方式，並詢問清楚避免斷章取義。

2.指揮官型：屬倚老賣老、跋扈型，應讓高齡者有表現的機會或用書信電話等間接的方式溝通。

3.活在回憶型：經常反覆回憶過去輝煌的歷史，可多傾聽或利

用老人團體的方式引導分享。

4.祈求關懷型：祈求被憐憫或同情，可多利用電話或書信溝通。

(二)與高齡者溝通的技巧

與高齡者溝通的技巧包括「言語性溝通」與「非言語性溝通」。

1.專注、接納的態度，並注意自己的表情，眼神自然的放在對方的臉部。

2.面對面，頭等高的交談，高齡者可看到對方的臉、唇型。勿隔著東西或手遮住說話，避免阻礙說話的表情。

3.誘導高齡者說出自己的想法，用心聆聽、不責備、不反駁、不勸告。

4.對高齡者不清楚的訊息時，需澄清並解釋。

5.用低頻率的音量交談，因高音頻會影響接收能力，使用簡單易懂的字句，說話速度緩慢或對聽力較好的耳朵說話。

6.必要時予以協助，減少高齡者挫折感。

7.每次只問一個問題，並給予充裕的時間思考與回應。

8.可利用紙筆、圖片、畫畫輔助交談或應用物品表達，提醒高齡者使用助聽器，多利用手勢表達，也能增進交談。

9.適當的讚美與鼓勵，勿妄下斷語。

10.針對主題，不要任意更改主題，使用高齡者熟悉的語言，可用不同的方式或字眼解釋同一件事。

11.溝通需建立信任，採開放式溝通引導高齡者。

12.避免爭執，先退一步同理對方的感覺，再慢慢溝通。

13.在放鬆、安全、安靜的環境比較能夠建立溝通管道。

14.以握手、拍肩、擁抱、肢體按摩、背部按摩表達關心，勿任意撫摸、打頭部，讓對方有不被尊重的感覺。

15.高齡者會以哭、笑、憤怒、喊叫、呻吟來表達感受或需要。

16.避免碰觸敏感問題，例如：政治、省籍。

(三)影響溝通的要素

1.生理因素：認知、記憶、聽覺、觸覺障礙、視力模糊、假牙咬合不正影響發音。

2.訊息不清楚。

3.傾聽者不瞭解對方的感受。

4.溝通管道受干擾。

5.選擇性的注意溝通訊息。

6.收訊者的認知與發信者的認知不同。

7.傾聽者沒耐心傾聽。

8.受第一印象影響。

　　每位高齡者的狀況不同，需求也不同，試著去傾聽高齡者的心聲，但不要想去改變他，適當的瞭解高齡者的心理，應用溝通的技巧，建立起敬老的態度，讓高齡者適應年老的角色變化及退休後的生活，讓高齡者活得更有尊嚴與健康。

　　高齡者常會因某些小事發大脾氣，情緒多變化，甚至和孫子輩斤斤計較，高齡者自認為人老了，有被家庭、社會排擠在外的感

覺，高齡者失去自己的價值感，自尊心受挫，在家裡為表示對高齡者的尊重，晚輩們需要幫助高齡者重建信心，有事情還是需要先請示高齡者，滿足高齡者被重視的需求。

西方國家因文化背景的不同，年輕人在高齡者面前展現親密行為，高齡者可接受，但在東方保守的國家，有些高齡者對此行為可能會造成不悅，甚至會讓高齡者感到孤獨與寂寞。不要企圖想改變高齡者的想法與行為，高齡者因大腦和神經系統的敏感力與反應力降低，腦細胞缺乏活力，思維能力降低，有時會變得較固執，與周圍的人格格不入，和家人關係緊張、感情淡薄，漸漸將會和社會疏離，離群索居，自然變成在現實生活中被列為「不受歡迎的人」，如此的困境，生活毫無樂趣，長期壓抑在心頭，得不到適當的紓解，內心的鬱悶，是造成消化道疾病、精神疾病及心血管疾病、癌症的主要因素。

鼓勵高齡者多做好事，微小的善事，會讓人更感覺幸福快樂，設法讓高齡者吃到喜愛的東西，有足夠的錢讓高齡者有安全感，對高齡者有所規勸時，需要特別的和顏悅色與察言觀色。

大部分的高齡者在思緒上是比較傳統與保守的，高齡者不像年輕人對新的事務感興趣，比較難接受新潮流的文化與事物，若有興趣也可能會因身體狀況不勝負荷而放棄，加上現代的科技是日新月異，社會快速變遷，高齡者需要花較多的時間來學習新的事物，若愈不用頭腦，記憶越衰退，趕不上時代的潮流，很容易讓高齡者成為社會邊緣人，高齡者藉由在公園內下棋、廟前聊天、魚池邊釣魚、電視機前打盹等，來尋找自我的定位以及生存的意義。應鼓勵高齡者參加社區老人大學或宗教團體，多認識新朋友，學習新事物、新觀念，走出家庭，避免和社會隔離。

問題與討論

1.高齡者的心理特徵為何？

2.與高齡者溝通注意事項。

3.高齡者的需求為何？

4.精神疾病對高齡者的影響。

參考文獻

大津智仁、佐藤美砂子、高橋良德、中村麻衣、石村知、手塚麻衣等（2009）。《高齡者のための健康づくり運動サポーター》（第二版）。東京都：三報社。

田秀蘭、鄧明宇、周鉦翔、黃秀雲、李嵩義（2011）。《老人心理學》。台中：華格那。

吳瓊滿、陳喬男、陳素惠、戴金英、吳宏蘭、林伯岡、陳蕙玲、劉紋妙、楊其璇譯（2011）。Sue V. Saxon、Mary Jean Etten、Elizabeth A. Perkins著。《老人生理變化概念與應用》。台北市：華騰。

李宗派（2011）。《現代老人學》。台北市：洪葉。

辛和宗、王明仁、陳家蓁、張宏祺、陳秀珍、陳雪芬、蔡秋帆、陳淑瑩、葉慧容（2011）。《老人生理學》。台中市：華格那。

張春典、楊國樞（1996）。《心理學》。台北市：三民。

詹鼎正（2008）。《你應該知道的老年醫學》。台北市：台灣商務。

蔡文輝（2008）。《老年社會學》。台北市：五南。

顏兆雄、宋丕錕（2011）。《基層醫療之老年醫學》。新北市：金石。

Chapter

③

高齡者的生理變化

侯青雲

進入老年期時，老化對高齡者的生理將會有何種
變化？學習如何保持健康的生理、改善健康狀況
的方法及可能遭遇到的疾病，有了這些知識，將
可提升老年期自我的健康照顧能力，讓高齡者擁
有健康的生活品質。

　　當年齡慢慢增大時，身體各方面的功能會慢慢降低，但並非每個人或每個器官退化的比率都是同時與同樣的。身體各個器官的儲備量因老化而逐漸喪失，當高齡者遇到外來的壓力時，便很難維持身體的恆定狀態，而且年紀愈大，很多的致病因子會讓高齡者更容易生病。一般人在80歲或以上時，生理各方面的功能約退化50%，75歲的高齡者與30歲的年輕人相互做比較，高齡者腦的重量減少至75%，基礎代謝率降低至85%，腎絲球濾過率減低至70%，不過也有個別差異性，有的人50多歲看起來像70多歲，也有70多歲的人看起來像50多歲，一般人類在30歲左右，身體各種機能每年將會以0.8～0.9%的比率降低（Hayflick, 1975）。因折損的進度很慢，約在60歲時才會讓人不經意的發現到身體改變了。

　　老化會對身體功能產生破壞作用，例如：呼吸系統的攜氧量降低、心臟力量降低、動脈硬化及萎縮，造成輸送血液需要消耗更多的能量，75歲的心肺輸出量平均約為30幾歲人的70%、肌肉的力道與質量衰退、胃腸系統對營養方面的吸收功能變差、泌尿系統的排毒效率降低。高齡者因骨骼脆弱、肌肉不再強健、因活動受限制，對某些人可能會導致憂鬱。大部分的高齡者仍有充沛的體力處理日常生活事務。

一、老化

　　老年期是老化進行最快的一個時期，其老化現象除了先天的基因控制外，後天的生活方式、疾病以及環境因子都會受影響，老化是一種正常、自然的改變過程，只要壽命夠長的個體一定會發生。老化是人生必經的歷程，我們必須去認識、接受與享受它。

(一)老化的類型

因為歲月的累積，老化常會造成高齡者身心各方面的問題，老化可分為三種類型：

1. 生理性老化：生理性老化為生理上無疾病狀況的老化，是屬於自然老化，在人體的各組織器官保持漸近且平衡的老化，其過程是不隨意的，且是全身性、協調性的。人體器官會隨著年齡增加而功能減退，身體功能儲備力、免疫力、基礎代謝、內分泌系統等功能也會逐漸衰退，因此很容易因極小的誘因就引發疾病的發生。
2. 病理性老化：個人遭受到疾病和疾病徵兆所引發的老化過程，身體組織器官的功能發生病理性改變，將會加速老化的過程，且身體功能處於不穩定的狀態，稱為病理性老化。
3. 成功的老化：個人的生、心理保持最佳狀態，對老化的過程適應良好，能夠享受悠閒、快樂的老人生活。

(二)成功老化的組成因素

1. 身體保持最佳狀態，預防疾病及失能的發生。
2. 能夠積極參與社交活動、志願服務與生產活動。
3. 維持身、心、靈的安適狀態，生活有目標。

(三)影響老化差異的因素

影響老化差異的因素包括遺傳因素、環境因素、疾病因素、

衛生因素、營養因素、生活習慣或年輕時的勞動情形等，都會影響一個人的老化程度。但老化也可透過美容整型、化妝技術、藥物治療、美容儀器治療等來改變外表，雖然同年齡的影響相當一致，但會隨著時間的演變，影響生物常態，造就不同個體發展，所以每個人的老化程度皆不相同。大環境的改變也會影響個體的發展及老化的程度，例如：經濟蕭條的時期或社會動亂、戰爭等重大社會事件；另外，具有影響個體的特異性也是影響老化過程的因素之一，例如：中高額彩券、重大車禍、劫後餘生等重大生活事件。

二、老化對生理的影響

正常的老化會受生理、心理、遺傳、社會因素所影響，造成身體功能結構性的改變。隨年齡增加基礎代謝減低，每年約減少2%，所以高齡者對熱量的需求比年輕人少。高齡者身體肌肉因蛋白質和水減少，而脂肪所占比率增加，因此規律運動及良好飲食有助於防止脂肪的囤積，預防肌肉萎縮。高齡者對應付創傷和壓力的能力較差，是因高齡者的儲備功能喪失，容易發生水分電解質不平衡，是因對水分或電解質控制能力較差。

(一)皮膚系統

主要包括皮膚、指甲、毛髮、汗腺、皮脂腺，主要的功能是覆蓋和保護身體重要的臟器、調節體溫並存有人體的感覺接受器。老人的皮膚鬆弛、無彈性、皺紋變深、容易瘀青、皮膚乾燥、水分少3～4%，因皮脂腺分泌減少，容易皮膚癢，洗澡時，一週使用兩次

肥皂清洗，平日溫水沖洗即可。高齡者的表皮細胞增生速度只有年輕人的25%，表皮層、血管壁變薄、微血管循環變差，使皮膚容易破損，水分容易流失，上皮細胞更新的速度由二十天增加至三十天或更久，造成老人傷口癒合緩慢，年齡每增加五歲，傷口癒合就會延遲一天，經由皮膚吸收藥效的功能也變差。

　　高齡者的體溫調節功能降低，排汗功能下降，容易造成體溫過高或失溫的情況，高齡者應避免在高溫或寒冷的環境中，且室內外的溫度調整勿超過7℃，對環境周圍溫度的設定，高齡者應比年輕人高2～3℃。

　　皮膚的感覺有痛覺、觸覺、冷覺、熱覺、壓力覺，各自有接受器及不同程度的分布。高齡者的皮膚感覺變化是逐漸慢慢發生的，觸覺會影響個人安全問題，例如：不能準確感覺水溫就容易有燙傷的情況、不知道要出多少力量才能拿起杯子，或腳尚未接觸到地面，另一隻腳就抬起，而造成跌倒。觸摸是人與人之間一種無語的溝通方式，藉由觸摸可傳達訊息，表達情感與關愛，是語言溝通的一種輔助行為，但與文化背景、性別差異性、觸摸部位、個性以及家庭的經驗有關聯性與其影響力。

(二)循環系統

　　包括心臟、血管和血液，心臟猶如幫浦的功能，能將血液送至血管，而血液將攜帶的營養物質送到組織內，並將組織內的代謝廢物帶走。心臟的大小並不受年齡的影響，心臟的擴大可能和疾病有關。心臟也如同其他肌肉一樣，使用減少時就會縮小，可能會影響心臟的功能。人體自19歲開始，即每增加一歲，心輸出量約減少

1%。心臟是由心房及心室所構成的，當年紀越大，心房也會慢慢擴大，心臟的重量自30歲之後每年約可增加1公克，女性約增加1.5公克。心臟為了將較多的血液壓入心室，因長時間代償的結果，可能導致心房肌肉厚度增加。老化將會使血管失去彈性，血管壁容易附著脂肪與磷脂，造成動脈粥狀硬化，因為動脈粥狀硬化的程度逐漸增加，血管壁及瓣膜增厚變硬，血管腔狹窄，因此容易發生心肌梗塞。

年齡的改變，對血液的成分只有輕微的影響，血量會因血漿的減少而下降，血紅素和血球比容也會較減少。高齡者因心血管的壓力感受器較不敏銳，突然的改變姿勢，造成心臟來不及將血液送至大腦，因而容易產生姿勢性低血壓，造成頭暈或暈倒的情形，尤其在床上突然坐起或下床時容易發生。

高齡者的脂質、膠原纖維、脂肪長時間沉積在心臟節律細胞，導致高齡者常有心律不整、高血壓的現象。高齡者運動時心臟無法即時應付身體對氧氣的需求，當運動結束時，心跳速率恢復到平日狀態的速度較為緩慢，而在做劇烈運動時，20歲的年輕人一分鐘最多心跳可達200次，而高齡者一分鐘只能跳到140次左右。老化過程並不會影響心臟的功能，但壓力會對心臟造成影響，甚至影響日常生活活動，如果有規律的運動如走路，在老化的過程中是可以維持心臟功能的。

高齡者的心臟變化通常和飲食習慣、高血壓、肥胖、抽菸、不活動、生活習慣有關。

(三)神經系統

　　包括腦、脊髓、神經、感覺器官，主要能協調身體的肢體活動功能，對感覺器官訊息的接收和處理。正常的老化過程，大腦的容量約減少10～15%，重量減輕，這是因為大腦的細胞死亡，而死亡的神經細胞並不會再增生，神經細胞減少，神經傳遞物資減少，容易造成認知功能的變化，發生腦栓塞，導致栓塞型失智症。認知功能方面，短期記憶會隨著年齡的增加而退化，長期記憶通常可以維持，對學習新的事物，新的語言能力較差，需要花費較長的時間才能完成。

　　神經損壞常見的症狀是運動困難與肌肉異常緊張。隨年齡增加，高齡者的肩關節、髖關節及膝關節彈性變差，導致高齡者走路時兩腳分開，膝蓋微彎曲。高齡者對外來的刺激反應變慢，分辨外來的刺激能力降低，平衡能力及敏捷度變差，活動量減少，振動感減弱且運動反應變慢，若遇上路不平坦、路障，或需要快速閃避移動時，無法立即做出適當的反應，所以高齡者發生車禍、跌倒受傷的機率較高，但保持積極運動的高齡者，其反應能力會快於缺乏運動的年輕人。

(四)呼吸系統

　　由呼吸道和肺臟所構成，主要提供呼吸功能，讓血液和空氣進行氣體交換作用。年紀愈大，肺臟會慢慢失去彈性，肺臟的大小不變，高齡者的呼吸型態，因身體擺位與腹壓的增加，使呼吸速率會加快到每分鐘16～25次。高齡者肋骨的軟骨鈣化、骨質疏鬆使胸壁

硬化、呼吸肌軟弱無力等，皆會影響呼吸功能，肺活量逐漸減少。

　　年齡越大，胸廓及橫膈膜肌肉骨骼彈性變差，脊椎、肋骨、胸骨之間的肋骨硬化。駝背、脊柱側彎、胸腔變短、胸壁變硬，如此高齡者呼吸時會消耗更多的能量而感到疲憊。高齡者呼吸的功能性死腔由1/3增加至1/2，導致參與換氣的空氣量減少。喉部與氣管軟骨鈣化，使組織變硬。呼吸道細胞的纖毛數目減少，咳嗽反射變遲鈍，無法有效的咳嗽，而影響清除異物的功能，因高齡者無法有效的清除感染源，造成高齡者容易引發吸入性肺炎。高齡者細胞免疫與體液免疫功能也降低，這些改變也會使呼吸道容易受到感染或其他的傷害。

　　因老化的關係，氧氣輸送至全身細胞的功能是降低的，高齡者呼吸系統的儲備功能是下降的，導致大部分的高齡者常處於疲憊的狀態。高齡者若為避免肺部嚴重功能喪失，就應保持動態性的生活習慣，每日多步行，多參與戶外活動，但避免在車輛流量大的道路上散步，因空氣不佳會影響肺部和呼吸系統，且容易發生意外事故。呼吸系統會因空氣汙染、抽菸、職業傷害、生活型態與環境因素而受影響，但一般隨年齡的增加，呼吸功能是會降低的。影響呼吸功能的危險因子包括抽菸、暴露於汙染的空氣之中、慢性疾病、暴露於有毒性物質的工作場所之中。

(五)肌肉骨骼系統

　　包括肌肉、骨骼、肌腱、韌帶、關節與軟骨，能夠支撐身體，保護內臟器官，並提供槓桿作用，可以產生動作，肌肉是產生動作的原動力。隨年齡增加，肌肉的體積變細，且細胞數目減少，而由

脂肪及膠原取代，肌肉的強度與張力減低。80歲高齡者的肌力、體力、耐力，為年輕人的一半。人類自出生之後肌肉細胞就不會再生。老化、運動量不足會使肌肉細胞的數量男性減少23％，女性減少22％，造成老人的肌肉鬆弛；韌帶、肌腱和軟骨的彈性也減少；關節軟骨因老化而退化，可能造成高齡者疼痛不適、行動不便、無法自我照顧等問題，因而增加跌倒的危險性。

男性步伐變小、腳抬高度降低、兩腿距離加寬，雙手擺動幅度降低；女性雙腳間距離較小、膝蓋及髖關節略呈半蹲姿勢以降低重心，走路呈搖擺步態。運動可使肌肉纖維拉長拉大，可改善肌肉塊變小及活動能力下降的情形，每週三次規律運動，每次三十分鐘，高齡者可分為三次運動，其運動效果是相同的，但每次運動時間不能少於十分鐘。高齡者因跌倒造成合併症的發生及影響日常生活，每年約有33％的高齡者會發生跌倒的情形，其中約有2％的高齡者必須住院治療，甚至死亡。老人若臥床二十四至四十八小時，身體功能則開始降低。

骨骼系統會隨著老化而發生退化性的骨質流失及重量減輕。骨骼是提供身體的架構、保護器官、儲存造血所需的礦物質和骨髓、作為人體動作的槓桿。脊椎椎間盤的韌帶及軟骨退化，造成關節僵硬現象，關節間的軟骨愈來愈薄，關節間的潤滑液也愈來愈少。因骨骼中有機物減少、骨質疏鬆、骨密度降低且脆弱，高齡者容易發生骨折，也因肌肉老化、肌耐力減退與協調能力減弱，全關節活動受限，容易跌倒，影響日常生活，適度的運動可提高體適能，增加肌耐力與腿力，適度的日曬可讓身體合成維他命D，增強骨骼，1平方公分的皮膚日曬三小時，可產生18單位的維他命D。

骨關節炎和骨質疏鬆症是老化過程中最常見的問題，容易造

成高齡者的慢性疼痛與不良於行，甚至影響高齡者自尊心、生活品質降低，形成憂鬱症。造成骨質疏鬆症的危險因子，例如：女性、高齡、無法行動、鈣質攝取不足、瘦小、缺乏雌激素、遺傳性體質等。造成跌倒與骨折的危險因子，例如：骨質疏鬆症、老化影響感官功能與中樞神經系統的變化、醫療行為、沮喪、失智症、藥物使用、環境因素。

人體的動作及步伐受到肌肉力量、耐力、敏捷度改變的影響。因老化使肌纖維數目及大小減少，肌肉質量減少，肌肉再生不再進行時，纖維組織會取代肌肉組織，因而限制了肌肉的力量。肌力、動作及運動與循環系統、神經系統、內分泌系統有關聯，這些系統會直接影響身體活動與肌肉反射能力。身體的運動功能和高齡者的營養、慾念、活動程度及健康的自我心智態度有密切關係。

(六)感官系統

◆眼力

在75歲以上的高齡者當中約有30%患有視覺障礙，有2%是全盲的狀況，所以高齡者應每一至二年做一次視力與眼睛的檢查，將可預防約1/3的全盲。因視覺的障礙，會降低高齡者的自我照顧能力，更是跌倒、車禍的危險因子。白內障是高齡者最常見的視力障礙，75歲以上的高齡者約有92%患有白內障，其中將近有50%的人有明顯視力喪失的情形，年齡、飲酒過度、長期使用類固醇、某些維他命不足、過度日曬與抽菸是常見的危險因子，可能會加速情況惡化，需行手術治療。高齡者的結膜變薄、外觀變黃，淚腺分泌功能慢慢減弱，淚水製造的量和質均會減少，造成眼睛乾澀；高齡者

在處理視覺刺激的功能變差，需要看久一點才能正確的辨別所看的東西。高齡者可能因瞳孔的最大活動工作量降低，及接收細胞新陳代謝變差，70歲的高齡者視覺接受器所接到的光總量，可能只有年輕人的1/3，視覺清晰度降低，在日常生活當中，60多歲的人可能需要比20多歲的人高出3倍的亮度，才能閱讀一般日常生活中的印刷體。對光亮和黑暗的適應力降低，高齡者夜間駕駛視力不良，反光可能會造成眼睛疼痛，使高齡者無法認清目標，從中年開始，視野的廣度降低，75歲以後更明顯，高齡者必須轉動頭部才能看到在上方的物體，而年輕人只需轉動眼球，視野變小也會影響視覺深度感。

老化的瞳孔喪失彈性以致影響聚焦的能力，到40歲以後對看近物的調節力減低，只能看遠的東西，將持續惡化至60歲，導致老花眼。當老人戴眼鏡時，其準確度可能可以接近年輕人的情況。大約有75%的高齡者需要配戴眼鏡，而高齡者即使戴眼鏡，也無法有完整的視力，尤其高齡者使用雙焦眼鏡，比較容易跌倒，應小心使用。

影響高齡者視力的危險因子，例如：光度不足、閃爍光的環境、眼疾（如白內障、飛蚊症）、經常暴露於紫外線環境、疾病（如糖尿病）等。年齡越大，眼睛的顏色會不如年輕人那麼的有光澤。在顏色知覺上的改變，一般高齡者所看到的世界比較黃，其原因可能是神經系統的改變，高齡者因水晶體變黃，而影響到彩色視覺，因顏色知覺受損，高齡者對鮮豔色彩如對黃色、橘色、紅色辨識度較佳，對藍色、綠色、紫色暗色系列較不易分辨，因此在環境設計或標語上應針對高齡者之需求設計。老化所帶來的視覺影響，對高齡者應做定期的視力檢查，適當的照明設備以及避免用眼過

度，將有助於視力的保護。

◆聽力（聽覺和平衡）

因內耳聽神經纖維退化，柯蒂氏器的毛細胞減少，耳蝸神經元數目減少，因此高齡者辨別高頻率聲音的能力最先衰退。說話時若加上吵雜的聲音，將使高齡者難以辨別聲音，如果用高音調或叫嚷的聲音和高齡者說話，更會增加溝通的困難度。60歲之聽覺訊息反應時間約為20歲的2倍。台灣65歲以上的高齡者約1/3有聽力障礙的問題。引發老年性聽障，其原因可能是老化、長期受噪音的傷害、心血管疾病或藥物傷害等，所引起的內耳功能退化。聽力損失的比率可能因環境狀況而有所改變，或是飲食中缺乏維他命B_{12}，也會造成影響。男性比女性容易有聽力障礙的問題，聽力衰退的比率是女性的2倍，且發生的較早，約30歲就開始退化，男性對低頻（<1,000Hz）的敏感度保持較佳。

聽力障礙可分為傳導性、感覺神經性或混合性聽力障礙。耳垢填塞、中耳炎、耳硬化是因外耳和中耳聲音傳導受阻所致，是屬於傳導性聽力障礙。感覺神經性聽力障礙，是高齡者最常見的聽力障礙病因，主要因內耳、聽神經或大腦損傷而無法聽到聲音，其病因有腦中風、糖尿病、噪音、感染、遺傳等因素。

◆嗅覺、味覺、觸覺

許多高齡者都未察覺到自己嗅覺退化。阿茲海默症的初期病人，嗅覺有相當程度的退化。若嗅覺敏感度降低，可預測非失智的成年人在四年之後某些心智技能會降低。65～80歲嚴重衰退者占60%，嗅覺功能完全喪失者占35%。

　　味覺降低是味蕾和舌乳頭、神經末梢數量減少所致，味蕾的再生速度減慢。高齡者對苦的味覺敏感度降低。高齡者對某些食物成分的區別，對味覺的強度確實明顯變差。對甜的味覺在50～85歲時消失最明顯，味蕾的數目最高可減少三分之一。味覺衰退先從雙頰→舌尖→舌背，對鹽的感受隨年齡增加而下降。高齡者的異質性很高，若發現有味蕾喪失的症狀應作全面性的評估，以確定是否為神經系統損傷造成。

　　嗅覺和味覺對個體有相當大的差異性，嗅覺的喪失或異常和上呼吸道感染、鼻病、頭部外傷、阿茲海默症、帕金森氏症、舞蹈症有關。高齡者對物體溫度的敏感度降低，但個體間差異很大，所以這種改變不是絕對的。對振動的敏感度因頻率的範圍而不同，高的振動速度（250Hz），高齡者較無法分辨強度，但對低頻率的振動速度（25Hz），則無年齡上的差異。衰退可能是來自傳導訊息到大腦的神經發生改變，部分也是因皮膚觸覺偵測器數目減少所造成的。在70歲以後皮膚的觸感有增加的趨勢，這可能跟皮膚變得較薄有關。

◆痛覺、平衡感覺

　　疼痛是主觀且多重面向的，疼痛的定義：只要個人表明疼痛，不論任何時間、任何人就稱之疼痛。高齡者常比年輕人有更多疼痛的健康問題，疼痛的來源很廣泛，例如：關節炎的痛、三叉神經痛、心絞痛、骨質疏鬆症、肌肉受傷、跌倒、惡性疾病、神經痛等等。高齡者有多重的健康問題與疼痛因素，老化並不是疾病，但社會對疼痛認為是正常老化的一部分，常被認為是無能為力的，高齡者需要與疼痛共存。

疼痛分急性疼痛或慢性疼痛（或稱持續性疼痛），急性疼痛一般在幾天或幾週內疼痛會消失，經由手術或藥物治療症狀可消失，因每個人對疼痛的反應不一，對藥物的反應也不相同。慢性疼痛至少持續疼痛三至六個月，慢性疼痛可能會影響個人的生活習慣、容易發脾氣、睡眠品質欠佳，因疼痛控制不好，容易造成個人產生焦慮與抑鬱的情況。慢性疼痛通常是原因不明，也可能是心理上或精神上的疼痛，此時最好找精神科醫師，而不是繼續服藥。

高齡者認為疼痛是老化的一部分，所以很多的時間裡，高齡者是不表明他們的疼痛。一般對疼痛的評估，常用數字來評量，從0（無痛）到10（超疼痛）；或用疼痛強度的量表，例如：不痛、小痛、很痛、過痛來形容。對高齡者疼痛的評估還須包括認知障礙、功能障礙的程度、憂鬱情況與生活品質狀態。藥物治療最常用來治療疼痛，因高齡者較容易出現藥物副作用，所以建議高齡者給藥應從低劑量開始慢慢增加。雖然慢性疼痛可能無法得到痊癒，但讓高齡者參與疼痛的治療計畫，學習如何有效的處理症狀，降低疼痛感，以提升其生活品質。

高齡者因內耳平衡系統老化及耳蝸內的耳石碎片掉落至前庭半規管，造成高齡者常有頭昏眼花、暈眩的症狀及其他平衡問題，此常與前庭系統的失調有關。前庭系統位於內耳，靠近耳蝸的地方，其對於活動與危險的預防是相當重要的。高齡者的平衡感變差，為避免因快速的移動而造成跌倒或其他事故的發生，高齡者走路時應減少身體搖晃的程度，而造成姿勢不穩定，調整動作的速度，放慢移動的腳步，以增加其穩定度。

(七)消化系統

　　包括口腔、食道、胃、小腸、大腸。消化系統能夠分解食物，並吸收到血液中，且將固態廢物排出體外。高齡者牙齒掉落更使齒槽骨萎縮，以致沒有足夠的支持系統可支持牙齒。高齡者會因牙齒脫落、蛀牙、牙周病或裝置不合適的假牙、口乾症、咀嚼功能不佳，造成老人營養方面的問題。

　　高齡者因味蕾萎縮，進食時覺得食之無味，口腔黏膜因組織萎縮及微血管供應減少，而容易有發炎、退化及病變。神經肌肉的改變會影響咀嚼與吞嚥。唾液分泌減少，會造成口腔乾燥。食道的括約肌活動減慢，延長食物進入胃的時間，造成胃食道逆流，而讓高齡者感覺吞嚥困難、腹脹、胸骨下疼痛、食物逆流至食道，胃酸分泌減少，腸胃蠕動減慢。因胃排空時間延長，而延長高齡者的胃飽滿感時間，導致老人食慾降低。小腸的重量減輕，黏膜層變薄，大部分的消化酵素分泌稍減少，可能會影響某些營養素的吸收，因肌肉張力減退，使腸蠕動變慢。

　　高齡者的大腸黏膜分泌也降低，大腸壁和直腸的彈性下降，因此高齡者便秘的機會就增加。高齡者直腸與肛門處常有痔瘡及腫瘤、憩室，如用力解乾硬便可能造成肛門出血。

　　高齡者肝臟變小、變輕，但仍維持正常功能。肝臟的代謝功能變差，造成藥物滯留在高齡者體內的時間延長，因此有些藥物必須調整劑量。

　　老化會改變膽汁的成分，造成膽汁較濃，膽固醇增加，因而容易產生膽結石及膽囊炎，高齡者飲食中加入高纖食品，能降低膽汁中的膽固醇。胰臟分泌酵素減少，但不影響蛋白質、脂肪與碳水化

合物的消化。

(八)泌尿生殖系統

正常的老化，腎臟的功能仍可維持生理的需求。因腎血流量減少，由600毫升／分減至300毫升／分，腎絲球過濾率下降，影響體內有毒物質和藥物移除至體外的功能。腎臟濃縮尿液或稀釋尿液的功能降低，造成高齡者在脫水或水分過多的情況下，無法即時做有效的調整。由腎臟、輸尿管、膀胱、尿道所組成的泌尿系統能夠維持身體酸鹼的平衡，對水分和鹽分也有調節功能，並將身體代謝後的廢物排泄出來。腎臟的過濾能力每年可減少1％，對毒素排除的能力也會降低，因此高齡者容易造成藥物中毒。因腎臟對水分及鹽分的調節功能下降，高齡者容易因曬太陽或拉肚子，而發生脫水的情況。高齡者常有頻尿、尿失禁的現象，更因餘尿過多、脫水而造成泌尿道感染。

男女生殖系統包括：男性的睪丸、女性的卵巢及生殖道，具有繁衍後代和遺傳基因的功能。隨著年齡增長，性活動的確有減少情形，平均75歲以上的男性有50％性活動是繼續的。女性的子宮及輸卵管退化，子宮體與子宮頸的比例回復到小孩時的比例，子宮肌肉層有纖維化的情形。女性乳房的腺體組織、脂肪及彈性組織因老化而萎縮。

70歲以上的男性約80％有前列腺肥大，90歲的高齡者腎血流約為20歲成人的50％。80歲高齡者的腎絲球過濾率約為成人的60～70％。

高齡者身體活動設計與規劃

Physical Activities Design and Planning for Older Adults

(九)免疫系統

包含淋巴腺體、淋巴結、淋巴管、淋巴液，主要是將血管外的體液回收到血管內，並承擔一部分的免疫功能。

三、身體活動對高齡者的影響

現代文明的產物，剝奪了許多人們身體活動的機會，例如家庭電器用品、汽車、電梯、電動機器等機械化產物所取代，而減少體能活動的機會，因生活型態的改變，無形中讓身體活動處於坐式生活型態，而此種生活型態將與慢性疾病息息相關，更是威脅高齡者健康的最大風險因素。

一般身體活動依活動內容可分為：

1.居家身體活動：指處理日常生活的家務事，例如拖地、煮飯、擦窗戶等。

2.休閒身體活動：指平日休閒時所從事的活動，例如打球、澆花、釣魚等。

3.工作身體活動：指與工作性質有關的活動，例如油漆工粉刷牆壁、搬運貨物等。

這三種身體活動的次數、活動時間與強度加起來，就是一個人一日當中的總身體活動量。美國衛生暨福利部於1996年發表文章〈身體活動與健康〉的報告中提出身體活動對健康的好處，即廣受國際間的認可與接受，因此多運動的生活型態，就是促進健康的行為之一。

　　雖然運動可以促進健康，但運動不足將會影響健康，高齡者的自我照顧以及執行家務事、休閒活動或社交生活等對高齡者而言是重要的身體活動。高齡者的身體活動，只要是增加身體的活動量，如此對高齡者的生活功能就會有幫助，而並非一定要固定每次三十分鐘，一週三次的運動才會有效果，累積運動量，例如多走路、爬樓梯、洗衣、掃地等一般中低程度的運動，都能提升高齡者的功能性體適能，提高生活品質、過獨立自主的生活。身體活動對高齡者生理、心理上的影響如下：

(一)對心臟血管的影響

　　身體活動受限會造成肌肉張力下降及抗重力之神經血管反射喪失，容易造成直立性低血壓。因交感神經作用加強，會使心跳加快，增加心臟的負荷量，有時會造成下肢水腫或心絞痛的情形。若臥床太久造成脫水現象，容易使血液黏稠、血液循環欠佳，易有血栓現象發生。

　　運動可使心臟房室容積增加，心肌收縮力增強，增加心臟血液輸出量，提升肌肉組織使用氧氣的效率，心肺功能維持較高的攝氧量。運動可降低安靜與運動時的心跳率與血壓的效果，增加運動的耐力。良好的心肺功能，可增強心肌，強化呼吸系統，改善血液成分，因而減少心血管疾病的發生。

(二)對骨骼、肌肉、關節活動的影響

　　缺乏活動會產生肌力下降及肌塊喪失，關節及肌肉會有僵硬及攣縮情形，骨頭內的鈣質容易流失，造成骨質疏鬆症。肌肉量減

少，肌力變差，降低高齡者控制身體平衡的能力而容易跌倒。

　　運動可增加骨骼肌攝氧功能，有效攝取血液中的氧量，減少心臟供氧的負荷。規律運動可增加微血管的密度，增加血管舒張功能，降低周圍血管阻力，有效減少心臟工作需求。身體活動可使肌肉延展性較佳，身體靈活自如，不會僵硬與痠痛。

(三)對體重的影響

　　體重的增減決定於身體能量的攝取與消耗，過多的能量會轉變成脂肪堆積在體內，造成體重增加，運動可減少體脂肪的百分比，改善身體組成，降低因肥胖所引起的其他慢性病的機率。

(四)對消化系統的影響

　　因活動量減少，腸子的蠕動能力下降而影響食慾，且容易造成便秘情形。運動可增加胰島素的敏感性，改善葡萄糖的耐受力，有助於糖尿病的血糖及病情控制。活動可促進消化作用，增加食慾，預防便秘。

(五)提升生活品質

　　不活動容易產生社交隔離，無法肯定自我價值，情緒低落，喪失與人溝通的意願，缺乏學習動機，對高齡者的身、心、社會以及心靈上影響甚鉅。

　　身體活動可增加腦內啡的分泌，振奮精神、心情愉快、抒解壓力，集中注意力，有鎮靜的效果，容易入睡，提高睡眠品質。高齡

53

者應具備身體活動健康促進的觀念，並將此觀念推展至社區民眾，讓社區團隊能夠關心高齡者，凝聚高齡者身體活動健康促進服務的共識，多多辦理有益身心健康的身體活動，使高齡者與環境間有更健康的互動，身體活動具有增進身心健康的良好效果，可降低老化速度，減少罹病率，減低憂鬱，增進幸福感，對整個社會而言，能夠降低醫療費用的支出及減少社會成本。

老化的生理現象，每個人不盡相同，高齡者的健康問題和老化、疾病、經濟狀況、生活型態、遺傳和社會因素等多重關係相互作用的結果，但最重要還是以老化與疾病影響最大。不同的人、不同的各器官，老化的速度和程度不相同，會影響疾病的表現，高齡者的照顧重點，需依高齡者的意願個別量身訂做照顧計畫，並由延長壽命轉為維持生活品質為重點，避免痛苦與失能的全人照顧。

問題與討論

1.影響老化差異的因素有哪些？

2.老化對身體功能的影響？至少舉出五項。

3.生理的老化對肌肉骨骼系統的影響為何？

4.如何提升自我照顧能力，以因應老化所帶來的生理變化？

參考文獻

王秀紅、徐畢卿、黃芷苓、高淑芬、黃國儀等（2010）。《健康促進理論與實務》。台北市：華杏。

吳瓊滿、陳喬男、陳素惠、戴金英、吳宏蘭、林伯岡、陳蕙玲、劉紋妙、楊其璇譯（2011）。Sue V. Saxon、Mary Jean Etten著。《老人生理變化概念與應用》。台北市：華騰。

李淑芳、劉淑燕（2009）。《老年人功能性體適能》。台北市：華都文化。

辛和宗、王明仁、陳家蓁、張宏祺、陳秀珍、陳雪芬等（2011）。《老人生理學》。台中：華格那。

林瑞興（1999）。〈增加身體活動量對老年人的重要性〉。《大專體育》，第46期，頁87-93。

陳玉枝、陳清惠、蔡仁貴、陳貞瑗、康銘文、王珩生等（2008）。《復健護理》。台北市：華杏。

董淑貞譯（2005）。J. Wei & S. Levkoff著。《康樂晚年》。台北市：二魚。

詹鼎正（2008）。《你應該知道的老年醫學》。台北市：台灣商務。

顏兆雄、宋丕錕（2011）。《基層醫療之老年醫學》。新北市：金石。

Hayflick, L. (1975). Current theories of biological aging. In G. J. Thorbecke (ed.), *Biology of Aging and Development, Vol. 3*, pp. 11-19, Springer US.

Chapter

4

老化的社會變化

蕭秋祺

學習目標

瞭解社會老化的意義，以及社會老化有關的理論
涵義。

瞭解老人所扮演的社會角色，及其角色的轉換和
調適。

瞭解老人所面臨之各層面的社會變化。

　　在老化的過程中，個體不僅要面臨生理與心理的退化，同時要面對社會角色的轉變。倘若老人無法順利轉換過去的角色，或是新的社會角色無法替代舊有的角色時，老人的社會心理健康將受到嚴重威脅（例如自我價值感減低、自信心減弱、排斥參與社會活動等），因而加速生理、心理與社會各層面的老化速度（黃富順、楊國德，2011）。

　　本章承老化的生理與心理變化之後，接續介紹有關老人在老化過程中，可能產生之社會變化及其正確因應之道。

一、社會老化的概念及其理論

(一)社會老化的涵義

　　哈維赫斯特（R. J. Havighurst）於1963年提出老化是一種「社會權能」（Social Competence）的減少，可能形於外的即是社會地位的角色喪失，亦即因年齡老化[1]而在社會角色上產生變化，面對此一改變，個體可能選擇退出原本活躍的競爭角色，而扮演一個退縮的局外人角色（何穎芬，2008），此即所謂「社會老化」。

　　依照哈氏的觀點，社會老化係在老化的過程中，個體受到社會刻板印象或負面觀念影響，造成老人在社會角色與社會關係方面產生改變，又僅能被動地回應或做出符合角色的行為，進而導致老人從社會中脫離或拒絕參與社會性活動。

---

[1] 年齡老化，或稱「年代老化」或「自然老化」，係指一出生就開始老化，一直到死亡，是一種進行式的老化。

(二)社會老化有關理論

邁入二十一世紀，人口老化問題存在著許多不可預測的影響，因此要建構一個適合全體老人的老化理論著實不易（李宗派，2004）。無論從生物學、心理學或社會學領域，所遭遇的問題均極為相似。

老化的社會學理論普遍將焦點投注在解釋老人社會關係之變遷、老人晚期之生活現象，以及成功老化（successful aging）[2]必需之社會活動參與的適應上，其理論觀點多援引許多共同概念來解釋老化的過程，如社會角色、社會規範和社會互動等。

1960年代前，社會角色與社會互動有關理論多重視在老人適應的概念上，認為一個人在生命過程中，皆須扮演各種社會角色，如學生、女兒、母親、妻子、祖母等，這些社會角色是很有系統地跟一個人的年齡與生命階段連結的；然而當個體步入老年時期，如不能夠滿足社會對他的期望與要求時，就會被認為面臨社會適應問題，其社會角色也就會跟著產生變遷，並因此失去應有的社會功能（李宗派，2004）。援此，個體如何適應其老年生活，與其接受老人社會角色之變遷有極密切關係。

老化之社會學理論所關注的另一個議題係社會規範，認為當個體到達某一年齡就被規範應該扮演該年齡應有的角色、能力及應為且可為之事務。每一個社會透過社會化過程，傳達年齡規範。在一生過程中，個體學習去操作新角色，適應變遷之社會角色，

---

[2] 成功老化，係個體保有生理、心理和社會三方面關鍵行為或特徵的能力，包括降低疾病或失能的風險、維持高心智與身體功能，以及持續積極參與社會活動等。

放棄舊角色。老人亦不例外,也必須學習和面對新的角色,特別是此時期老人可能面對角色失落(role losses)或角色中斷(role discontinuity)的困境(李宗派,2004)。

老化社會學理論中較為普遍且較常被引用的,包括現代化理論、社會撤退理論、社會活動理論、社會情緒選擇理論和社會持續理論等,茲分述如下:

◆現代化理論(modernization theory)

此理論焦點在於闡釋老人在現代社會中的角色與身分的轉變,認為老人的角色和身分與科技進步形成倒轉關係,亦即科技越是長足發展,老人的生活經驗與判斷智慧將越顯貶值無用或明顯降低,使得社會對老人形成一種僵化的刻板印象,進而導致老人的身分與權力的貶損(李宗派,2004)。

◆社會撤退理論(social disengagement theory)

此理論係由Cumming和Henry於1961年提出,其認為個體生理機能的老化,會造成個體與所屬社會系統的脫離,降低老年人與他人的人際互動,如退休、子女離去或周遭親友亡故等。然而這些造成老年人選擇與社會疏離的原因,除了老年人本身的意願外,其實大多來自於外部環境的影響,這些原因對老年人造成了撤退心理與行為,降低老年人與社會的聯繫與參與度,久而久之,這種看似理所當然的情況將形成新的均衡狀態並繼續維持(蕭文高,2010)。援此理論觀點,老人必須接受老化並從社會中撤退的事實,且必須做到心境上的調整,減少社會性的角色功能,轉而關注個人身心健康的維護。

◆社會活動理論（social activity theory）

　　此理論之產生源於對撤退理論的辯駁，是最早被用來說明老年人成功適應及成功老化的老年社會學理論之一。其認為老年人脫離從前的角色，將會感到失落感、被排擠和自尊心喪失；相反地，如果老年人能與中年期一樣，維持活力並積極參與社會活動，將使老年人保有較佳的心理健康，也會帶來滿意的生活，獲致晚年的幸福感。援此理論觀點，老年人只要持續參與活動，便可維持心理和社會層面的適應力，即使步入晚年，仍能持續著中年期的標準和期望，故又稱為「社會參與理論」（social engagement theory），強調行為決定年齡，否認老化的存在（江亮演，1988）。

◆社會情緒選擇理論（socioemotional selectivity theory）

　　此理論認為老年人因為人生時間有限，對生活的態度會有不同的看法，生活較樂觀開朗的，會把握有限時間不斷地去嘗試新的事物；而生活態度較悲觀的，較不喜歡去嘗試新事物，只希望平淡安穩過完剩餘的人生。

◆社會持續理論（social continuity theory）

　　此理論認為一個人的人格及行為的基本型態，不會因為年紀增長而改變，任何影響年輕時人格、行為的因素，還是持續會對老年期產生影響。換言之，一個人在年邁時趨向於繼續維持一致的行為模式，為了代替失去的社會角色會去尋找相似的角色，以因應社會環境的變化與維持標準式的適應。

◆次文化理論（subculture theory）

此理論係由Ross於60年代早期提出，其將老人視為一種不同的次文化，認為老人雖非社會中的主流人群，但他們有屬於自己特有的文化特質，以及不同於主流人群的生活信念、習性、價值觀與道德規範（曾美玲，1992），加上社會上的種種制度及負面的刻板印象，將老人與其他族群阻隔起來，從而促成老人團體意識的產生，使老人在互動過程中產生相互依賴、認同與支持，形成一種獨特的老年次文化體系。

◆角色理論（role theory）

角色理論係Phillips於1957年提出的一種折衷理論，是最早用以詮釋老年社會的理論。此理論重點在於討論老年人如何適應新的角色，主張撤退對老年而言，僅是參與形式的轉變而已（黃春長，1994），而老人角色的轉變涉及兩方面，其一是拋棄成年人所分演的典型角色，其二是代之以老年人的新角色，亦即自退休前的「工具性角色」（instrumental roles），如職位上的角色，轉變到退休後的「情感性角色」（expressive roles），如父母子女之間的親職角色（王麗容，1995）。援此理論觀點，老年人越能適應並認同角色轉變者，將會有較正向的老化態度與滿足的晚年生活。

二、老人的角色

所謂「角色」，係一個人反應社會期待與要求的行為模式，或指在社會結構中與身分地位相關聯的行為。任何角色均有其對應的職責，即所謂「角色行為」。雖然角色的定義總是包含社會共享的

期望,但角色的運作卻藉由互動的過程而成,因此它是動態且因情境而異的,亦即當角色被執行及運作時,儘管可能沒有違反規範,但可能因個人及情境的不同而存在差距,家人間及家庭與社會間的衝突便會產生(陸洛、陳欣宏,2002)。是以,瞭解角色的意義,並釐清老人在進入老年時期的角色變換,以及協助老人適應新角色,皆為老人邁向成功老化的重要關鍵。

(一)角色的意義及其概念

「角色」一詞原是社會心理學的概念,其後因行為科學的發展,此單純的概念也逐漸地被應用在社會學、人類學、人格心理學等的領域。

「角色」最早期是被應用在戲劇上,泛指演員所扮演的人物。從社會學的角度看,人生如戲,社會即是一個舞台,而每個人在社會中同時扮演著多種角色,因此「角色」一詞常也被應用於社會生活中的角色扮演。不管是戲劇,抑或是社會生活,兩者皆有極多相似之處,任何角色的演出必涉及行為,或者說皆附帶著一套行為模式。在舞台表演上,角色的行為模式係由劇本原作者所規定,在真實生活中則由社會習俗及文化規範所制約。因此,角色扮演的成功與否,與扮演者對角色的體認與瞭解程度有密切的關係(郭為藩,1971)。援此,我們也可以清楚地看出角色概念可以應用於貫通個人與社會的關係。

角色的定義隨著理論的快速發展,眾說紛紜,甚為紛歧,尚無一致的看法。儘管如此,我們仍可從眾多說法中,歸納出以下四個結論(郭為藩,1971):

1. 角色係由一套結構性的行為或一組行為模式所表現。
2. 角色涉及某一類別的人所共同的行為特性，而非個人的行為特性；通常角色代表具有某種社會地位或身分的人之共司人格屬性或行為特質。
3. 角色係在社會互動情境中表現。
4. 角色所涉及的行為期待代表社會結構的一部分。

　　據上述結論，角色可說是社會團體期許某一特定族群人所應表現的行為模式，其中的族群可能是依照年齡區分（如兒童、青年人、中年人、老年人）、性別區分（男人、女人）、種族（如白人、黑人、黃種人等）、職業區分（如農民、教師、學生等）或家庭角色區分（如父親、母親、兄、弟、姊、妹等）等。

　　過去諸多學者認定角色行為的表現與社會職位有密切關聯，故常以社會身分來說明角色的意義，且認為兩者是一體兩面的。身分係包含職位與聲望，並涉及一套權利與義務，將這些權利與義務表現在實際生活中，就是行使一種角色，因此身分是靜態的、結構的，角色則是動態的、人格化的，將身分化成社會行動就是角色（郭為藩，1971）。

(二)老年期的角色轉換

　　角色轉換（role transition）係在社會系統中角色的轉入與轉出，可能涉及在未改變其他角色的狀況下增加某角色或結束某角色，或是結束一個或數個角色伴隨著開啟其他角色（Burr, 1972）。個體在進入老年時期即可能涉及多種角色轉換，如從工作場域中退休（結束角色）或從父母角色轉換成祖父母（增加角

色)。

　　嚴格來說，個體進入老年期最主要的角色轉換有二：

◆工作角色的轉換

　　老人因制度、體能或其他因素自工作崗位退休，不再扮演生產者的角色，其身分、地位和社會人際網路將產生重大變化。工作角色的轉變使得老人的人際關係日漸淡薄，極易與社會發生疏離，而產生被社會排斥或遺忘的感覺，進而引發一連串的社會適應問題。

◆家庭角色的轉換

　　進入老年期的老人，多數將從父母的角色轉變為祖父母角色，且將從家庭中的供應者轉換為依賴者。

　　面對老年期的角色轉換，老人若無法成功地調適，極易誘發各種身體疾病，甚至引發一連串的心理與社會危機，例如因工作角色的轉換（如退休）使得收入減少，易致生經濟危機感；或由生產者的角色轉為依賴者的角色，將使其產生失落感；又或者從父母角色轉換為祖父母角色，容易產生衰老感等等（鍾國文，1998）。因此構建老人新的角色規範，並使其適應角色轉換，乃促使老年人晚年生活愉快的關鍵。

(三)老年期的角色調適

　　老人在傳統社會中肩負傳承知識與經驗的重責大任，對社會是有價值與貢獻的，不但受到尊重，也享有相當的權力。然而隨著現代化社會的到來，文化知識與經驗的傳承不再受到重視，老人的地

位逐漸降低（Dein & Huline-Dickens, 1997）。老人角色的喪失將導致心理上產生失落感。

　　老人在面對角色驟變的氛圍下，應學習接納與適應社會角色，Harvighurst（1972）建議老人可以從三個層面著手，包括：(1)發展與拓展家庭角色，例如祖父母的角色；(2)拓展社會活動的角色，例如公民、朋友與鄰居的角色；(3)培養新的興趣與休閒活動。

　　其次，Rothbaum、Weisz與Snyder（1982）提出自我控制的雙歷程模式（A two-process model of perceived control）來說明老年角色調適的運作歷程，其將自我控制分為主要控制（primary control）與次要控制（secondary control）的概念。前者意指「改變外在世界以符合個體需求」，後者則是「調整個體以因應外在世界與現況」。他們認為個體常會先以主要控制來因應所面對的挑戰，若無法因應才改採次要控制調整自身。

　　對老人而言，次要控制將失落最小化，並維持擴張主要控制的層次；老人可維持相當穩定的主要控制的知覺，同時可有效的運用次要控制策略。此外，老人除了更覺察到外在控制感的重要性，一方面努力維持內在控制感（Lachman, 1986）。取得控制感對老人的生活影響甚大，老人若常在負向逆境中以次要控制來因應面對，則其悔恨經驗較少，也有較佳的健康狀況、生活滿意度（Newall, Chipperfield, Daniels, Hladkyj & Perry, 2009）。

三、老化的社會變化

　　人口老化已是全球必然趨勢，然而它所伴隨而來的社會問題，如老人棄養、虐待、自殺等層出不窮，更加深了老人問題的嚴重

高齡者身體活動設計與規劃
Physical Activities Design and Planning for Older Adults

66

性。再者，老年人未來勢必得面對社會角色的改變，包括退休、家庭、環境、社交關係等，如何調適並克服這些變化，實乃一大挑戰（蕭秋祺，2013）。

老年人的社會變化大致包括退休、家庭關係、居住環境、社交關係及休閒活動等幾個層面，茲分述如下：

(一)退休後的變化

◆退休之涵義

有關退休（retirement）的說法，眾說紛紜，有謂「退休者不再從事全職的工作而領取退休金的人」，或云「開始接受社會福利金或退休金的時刻」，或認為退休是一種心理狀態，一種離開工作而重新定位工作的心態。Long和Commons統攝各方觀點，歸納出退休具有以下幾個重要涵義（黃富順、陳如山、黃慈，2006）：

1. 退休代表一種身分：係指個體不再從事全職的工作而領取退休金或社會福利作為部分收入的人。
2. 退休是一種角色：退休者有其義務而須負起自我照顧與自我管理資源的責任，並且為了適應良好，退休者應尋找工作角色的替代。
3. 退休是一種歷程：退休需經歷一系列的階段，個體必須加以面對與調適。
4. 退休是一種選擇：退休是生活滿意與調適的轉捩點，必須重新界定生活的意義，建立新的生活結構與秩序，選擇有尊嚴的人生。

◆退休後可能發生之社會問題

綜合上述說法，退休可謂人生重大事件，亦是生命的轉折點。退休象徵著對社會任務的解脫，或是從此擁有更多自己的時間；但是對於老年人而言，退休代表社會價值及地位的降低，以及經濟能力的喪失。據研究指出，退休對個人的衝擊會受到種種因素的影響，包括：人格特質、收入、健康狀況、對工作的態度、休閒活動及家人的支持等。而老年人在退休之後可能發生的社會問題，包括：經濟困難、社會地位改變以及社會孤立與寂寞等（蕭文高，2010）。

◎經濟困難

老年人因為卸下工作的角色使得收入減少，而容易造成經濟上的問題。據內政部調查發現，台灣地區65歲以上老年人多數仰賴子女的供養，但隨著少子化的潮流，養兒防老的傳統觀念將面臨嚴峻考驗，未來老年人退休後的經濟壓力勢必越來越大。

◎社會地位改變

老年人退休之後，由生產者變為依賴者，在家庭中失去決策權，可能會有自尊降低的情形。

◎社會孤立與寂寞

據內政部調查發現，大多數老年人退休之後選擇留在家中，並未參與社會活動。因此退休後的老年人社交關係明顯減退，生活變得單調乏味，容易感到孤立與寂寞。

(二)家庭關係的變化

老年時期的家庭正處於杜佛（Duvall）所提之家庭生命週期（family life cycle）的第八階段，即退休至夫婦雙亡（十至十五年）。在此時期的老年家庭會經歷包括退休、子女結婚、升格當祖父母、喪偶等特有的事件。這些事件往往造成老年夫妻的婚姻關係、與子女間的關係以及兄弟姊妹間的關係等會有所改變。

在各種關係中，家庭關係最引人注目，因為它具有包括：(1)最普遍；(2)最基本；(3)最早；(4)最持續；(5)最親密；(6)影響最深遠；(7)最具韌性與適應性等特性（楊國樞，1995）。然而隨著時代的變遷，現代人的家庭關係也產生極大的變化，以往「老年與子同住、由子奉養」的觀念現已不復存在，加以交通往來便利，社會流動容易，以及大家庭結構瓦解，家庭成員之間的互動大幅減少。以上種種因素，導致老人的家庭關係越來越顯得疏離、淡漠。

(三)居住環境的變化

我國人口結構正面臨人口老化和少子化兩大問題，而這也使得整個社會產生老年人與子女相互依賴的問題。然而傳統孝道觀念式微，年老父母感受子母的不尊重，以及對老年人剩餘價值的工具性再利用（充當褓母和免費勞工），抑或代溝現象造成兩代之間的摩擦衝突頻繁等等問題，老年親代與子代同住的可能已不再被期待和滿意（陳淑美、林佩萱，2014）。儘管如此，據內政部（2000、2002、2006）三次老人狀況調查資料顯示，老人與子孫同住的比率依舊居多（占逾七成），但比例有逐漸下滑的趨勢，而與配偶同

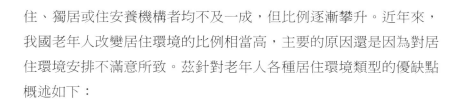

住、獨居或住安養機構者均不及一成，但比例逐漸攀升。近年來，我國老年人改變居住環境的比例相當高，主要的原因還是因為對居住環境安排不滿意所致。茲針對老年人各種居住環境類型的優缺點概述如下：

◆與子孫同住

　　子孫與老年長輩同住的主要原因是基於奉養長親的傳統孝道觀念，以及能方便照顧；其次是因為可以減少經濟負擔，且如果健康情形許可，亦可分擔家務及照護小孩。研究亦發現，老人與子孫同住可透過相互照顧發揮家庭支持系統的功能，老人的生活滿意度也比較高（陳淑美、林佩萱，2010）。但由於生活習慣與價值觀等的差異，容易產生衝突。

◆與配偶同住

　　老年人可能因為子孫成家自組家庭或本身不願與其同住等原因，選擇與配偶兩人同住，彼此提供情感上的滿足，並共同分擔家務與生病時的相互照顧。

◆獨居

　　目前台灣地區老年人獨居家中者約占6%。雖然獨居可以享受不受干擾且自由自在的生活，但與子孫關係會漸顯淡薄，安全問題令人擔憂，且生病後恐無人照料。

◆住安養機構

　　截至目前為止，居住在安養機構的老年人約有5%，多數都是

生病且無人照顧的。住在安養機構缺乏親情的滋潤，因此大部分老
年人是不樂意住在這裡的，且目前安養機構多未立案，素質參差不
齊，照護品質不易掌握，使得有些老年人未能得到妥善照顧，乃老
人安養的一大隱憂。

(四)社交關係的變化

　　老年人的社交活動會隨著年齡的增長而減少，一方面是因為朋
友亦逐漸年長凋零，另一方面是因為老年人較不容易結交新朋友，
且較傾向結交能分享心情感受且能提供心理支持的知心朋友。

　　老年人減少參與社會活動，進一步限縮了社交範圍，將加速其
自社會撤離，造成老年人的自信心及自我價值感低落，也變得更加
孤獨和寂寞。

(五)休閒活動的變化

　　在人生遭逢社會失落的重要階段（如退休後、配偶死亡等），
休閒活動可提供一個社會環境以創造新的社會關係（王昭正譯，
2001）。惟老年人在老化過程中，因體能及健康狀態的限制，已不
適合從事過度激烈的休閒活動（如打籃球、踢足球等），取而代之
的是較輕度（如散步、跳土風舞等）或偏靜態（如釣魚、觀賞畫展
等）的活動。

　　此外，許多老年人退出工作職場後，由於社會責任降低，家
庭角色和義務減少，雖然自由時間增多，可運用於休閒活動的時
間大幅擴增，但因過往僅關注在追求工作的成就，對休閒活動完

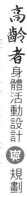
全漠視，以致退休後常有漫無目標、不知所措的現象（鍾國文，1998）。這些老人經常參與的休閒活動以居家活動為主，如看電視、閱讀、聽廣播、拜訪親友、做家事或與他人聊天等，生活單調而貧乏，缺乏建設性的成就感，對其身體、心理乃至社會層面均易產生極負面的影響，值得關注。

參考文獻

王昭正譯（2001）。《休閒導論》（J. R. Kelly著）。台北市：品度。

王麗容（1995）。《婦女與社會政策》。台北市：巨流。

江亮演（1988）。《台灣老人生活意識之研究》。台北市：蘭亭書店。

何穎芬（2008）。《高齡者生活型態、老化態度與成功老化相關之研究
　　——以雲林縣為例》。國立中正大學成人及繼續教育研究所碩士論
　　文，未出版。

李宗派（2004）。〈老化理論與老人保健（二）〉。《身心障礙研
　　究》，2(2)，77-84。

曾美玲（1992）。《老年人終老覺知與生活適應之研究——以台中市老
　　人為對象》。東海大學社會工作研究所碩士論文，未出版。

黃春長（1994）。《老人學的主要理論》。嘉義：國立嘉義師範學院編
　　印。

黃富順、陳如山、黃慈（2006）。《成人發展與適應》（第三版）。台
　　北市：國立空中大學。

黃富順、楊國德（2011）。《高齡學》。台北市：五南。

陸洛、陳欣宏（2002）。〈台灣變遷社會中老人的家庭角色調適及代間
　　關係之初探〉。《應用心理研究》，14，221-249。

陳淑美、林佩萱（2010）。〈親子世代的財務支援、照顧需要對老人
　　居住安排與生活滿意度影響之研究〉。《住宅學報》，19(1)，29-
　　58。

陳淑美、林佩萱（2014）。〈台灣老人居住安排與生活滿意度關係之區
　　域差異分析〉。《建築與規劃學報》，15(1)，61-82。

楊國樞（1995）。〈家族化歷程、泛家族主義及組織管理〉。《海峽兩
　　岸組織文化暨人力資源管理研討會宣讀論文》。台北市：信義文化
　　基金會。

郭為藩（1971）。〈角色理論在教育學上之意義（上）〉。《師友月
　　刊》，49，6-12。

蕭文高（2010）。〈活躍老化與照顧服務：理論、政策與實務〉。《社

區發展季刊》，132，41-58。

蕭秋祺（2013）。《老人健康運動指導》。新北市：揚智文化。

鍾國文（1998）。〈老人退休調適之研究〉。《中原學報》，26(4)，109-115。

Burr, W. R. (1972). Role transitions: A reformulation of theory. *Journal of Marriage and the Family, 34*, 407-416.

Dein, S., & Huline-Dickens, S. (1997). Cultural aspects of aging and psychopathology. *Aging and Mental Health, 1*(2), 112-120.

Harvighurst, R. J. (1972). *Developmental Tasks and Education* (3rd ed) NY: Longman.

Lachman, M. E. (1986). Locus of control in aging research: A case for multidimensional and domain-specific assessment. *Psychology and Aging, 1*, 34-40.

Newall, N. E., Chipperfield, J. G., Daniels, L. M., Hladkyj, S., & Perry, R. P. (2009). Regret in later life: Exploring relationships between regret frequency, secondary interpretive control beliefs, and health in older individuals. *International Journal of Aging and Human Development, 68*(4), 261-288.

Rothbaum, F., Weisz, J. R., & Snyder, S. S. (1982). Changing the world and changing the self: A two-process model of perceived control. *Journal of Personality and Social Psychology, 42*(1), 5-37.

Chapter 5

本國與國外中高齡者
身體活動範例介紹

錢桂玉

學習目標

本章節以介紹國內中高齡者運動行為為出發點，
使讀者瞭解此族群之運動行為與喜好，進而介紹
國內外社區運動課程運作以及實作範例，以供高
齡者運動課程活動設計與運作之參考。

一、台灣

(一)本國中高齡運動參與率研究調查

　　以生命期觀點來看，離開校園進入職場工作其規律運動習慣就會大幅減少，中年過後逐漸回升，到老年期則再度下降。女性35歲，男性則45歲以後之規律運動習慣逐漸回升（國民健康局，2005）。98年度女性從55歲開始的運動參與人口百分比呈現下降的現象，男性則於55歲以上開始的規律運動比例高於女性，值得注意的是98年度調查75歲女性規律運動習慣人口百分比下降至36.6%，較65～75歲區間下降將近17%，男性下降幅度約7個百分點，與94年調查研究結果相較，女性下降7.62%，男性下降8.86%（圖5-1）。隨著時代的發展，無論男性還是女性，進入老年期規律運

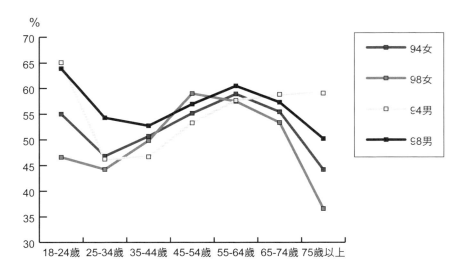

圖5-1　94與98年男性、女性各年齡層規律運動盛行率比較

動比例都下降，其下降幅度隨著年紀增長加大，規律運動人口比例下降，顯示整體的身體活動量減少，伴隨而來可能產生健康負面影響，這是值得注意的問題。

(二)本國中高齡運動參與項目之男女比較

　　根據國民健康局之國人生活狀況調查結果顯示（**圖5-2**），散步與騎腳踏車為兩性參加運動項目比例最高的前兩名，且較94年為高，散步或健走占女性50%，男性約35%，而男性騎單車成長率更高達12.94%。男女性從事的運動共同交集的項目有散步（含健走）、騎單車、慢跑、爬山、體操、游泳共六項運動。除此之外，男性比較喜歡球類運動以及重量訓練，女性則會選擇瑜伽、甩手以

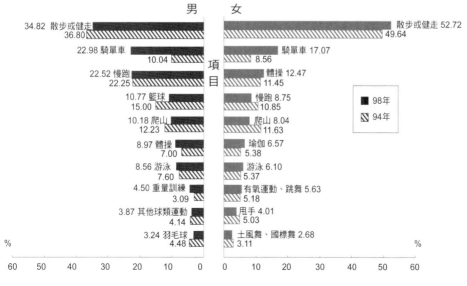

圖5-2　國民健康局國人生活狀況調查（98年）

及舞蹈類運動。單車、游泳以及體操項目從事的人口有增加的趨勢，此增加趨勢可能與體委會或國民健康局推動的政策與活動有關。

(三)我國65歲以上最常做的運動項目

與一般成人最常做的運動一樣，散步與健走為老人最常選擇的運動種類，甩手與體操分占第二名與第三名，散步、健走、體操與甩手從事人口總計占全部人口93%，顯示此運動型態最受老人接受、喜愛，可行度高，其推廣可行度也較高（圖5-3）。

(四)我國不同場域執行運動課程推動狀況

在地老化為當前高齡政策的主軸，因此社區為執行重要場域，我國目前運動執行場域可分為老人文康中心、長青學苑、社區關懷

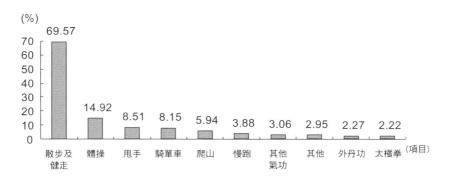

圖5-3　65歲以上長者最常做的前十項運動

資料來源：行政院衛生署國民健康局（2005）。94年度國民運動行為調查結果說明會。http://www.bhp.doh.gov.tw/bhpnet/portal/PFShow.aspx?No=200712250006

據點、運動中心運動課程、樂齡學習中心等。老人文康中心係以舉辦老人休閒、康樂、文藝、技藝、進修及聯誼活動為目的設立之機構，所提供服務多元，並無侷限於健康促進，其提供服務亦包括學習、休閒與交誼。長青學苑則舉辦文藝、社經、語文、衛生保健、科技等研習課程，每年分兩季開課；老人服務中心所開設運動相關的課程則以各式養生操或養生舞蹈為主，而各社區大學則較多元化，除了運動亦結合營養與飲食的課程（台北市政府社會局，2013）。而為數最多、分布最廣的社區關懷據點，其所提供服務包括關懷訪視、電話問安諮詢及轉介服務、餐飲服務與健康促進活動，其中健康促進活動包括健康講座、衛生或長照政策宣導、體適能檢測以及運動課程，運動課程之指導員多為喜愛該項運動之民眾義務擔任教學服務。而社區健康營造中心的運作以健康講座實施頻率最高（黃松共、吳永鐘，2003）。

以下就99年度台北市九個樂齡學習中心提供運動相關課程（教育部，2012）進行彙整，可知其所舉辦活動種類以太極拳、養生運動、健走運動、有氧運動、氣功、舞蹈以及瑜伽等種類為主（**表5-1**）。

二、日本

日本運動課程以容易實施、持續性為重要考量，且強調同住家人、社會網絡的重要性，例如：課程兩場之間要有空檔讓學員問問題和讓學員之間交流、敘舊。執行場域分為機構、醫院、社區與家庭四種類型，以下舉例三種不同場域之執行方式與狀況。

表5-1　台北市樂齡學習中心運動相關課程

活動種類	活動名稱	活動型態
健走類	樂齡樂活輕鬆走走	系列課程
	健行活動	系列課程
	要健康要多走——談健走，健走123 活力百分百	講座
	保密防跌人人有責——談老人骨鬆與防跌 勇骨健身操，樂活百分百	講座
太極拳	養生太極拳	系列課程
	三十七式鄭子太極拳	系列課程
	「活出美麗人生——太極拳健身」	系列課程
有氧運動	快樂有氧運動	系列課程
	韻律帶動唱班	系列課程
	社區活力有氧操	系列課程
養生運動	養身運動治療班	系列課程
	運動	系列課程
	樂活養生運動	系列課程
	笑出健康活力——笑笑功	系列課程
	健康養生操	研習課程
	養生長命拍打功	系列課程
氣功	身心樂活學氣功	系列課程
	氣功班	系列課程
	順氣健康法	系列課程
舞蹈	活力土風舞班	系列課程
	大家來學日本舞	系列課程
瑜伽	健康瑜伽班	系列課程
	保健瑜伽班	系列課程

(一)島根縣安來市

是一個靠海的村落，於機構中給予住民一週兩次的運動，以同儕指導以及運用加速規測量住民的活動量，以此激勵住民，增加住民的身體活動量。

(二)長野縣飯田市

為高齡化相當嚴重的縣市（境內有45%高齡人口），以保險系統查出健康問題以及需改善的地方，例如：骨骼肌肉問題為大多數老人之健康問題，會舉辦相關健康講座以及適合的運動課程，例如：水中運動、柔軟度課程講座。此外，75歲之前長者參與一週一次，為期三個月的全方位運動課程（well rounded exercise），課程結束後長者體適能有10～15%進步幅度（彈力帶），且課程結束之後由居民自主持續進行運動課程。

全方位運動課程

1998年Pollock教授提倡well rounded exercise，是一種包含有氧、肌力、柔軟度、平衡所組成的混合設計課程，現今well rounded exercise多了核心訓練的元素，主要是因腹部、上背與下背的肌群與上肢動作以及下肢行走動作關係密切。

(三)福岡縣香春市

高齡人口占全部人口25%，主要以計步器來增加活動量為主要

策略，並配合雲端科技記錄活動量，一週一次，總共三個月，課程內容主要讓參與者也可以在家中容易實施，所使用的器材包含彈力帶等。

三、歐洲

營養、肥胖、心血管疾病防治、公共衛生以及環境與健康的永續發展為健康促進的要素，除此之外，身體活動的促進策略亦為整體健康促進的一部分，歐盟國家有73政策強調身體活動與公共衛生的關聯（Middelbeek & Kahlmeier, 2010）。

健康老化策略已由過去之傳統被動接受者之需求導向（needs-based approach）轉變成權利導向（rights-based approach），讓長者意識到他們有權利得到和其他年齡一樣之相同的機會與對待，尤其在長者年紀越大的時候。身體活動方案需要清楚傳達達到最大量效果為主的考量，並且與顧客溝通不同的選擇性（age response to green paper）。

歐洲老人資源平台（AGE-the European Older People's Platform）是針對一億五千萬名50歲以上歐洲的中高齡者所設立的一個健康促進資源平台，提供疾病預防與健康促進資源及諮詢服務給予歐盟夥伴，使其健康的時間極大化，並延緩依賴（失能）的時間。其內涵為給予營養或身體活動的訓練或教育，除了中高齡者之外還需要包括從家庭到社區之照顧者與健康服務提供者，區域與地區的提倡健康生活型態（健康促進）行動參與亦需包含非政府組織（Non-Government Organization, NGO）的參與。

(一)英國

根據調查，英國機構住民過去一個月沒有連續走十五分鐘的比例高達90％，且有80％比例的住民身體活動程度為不活動者（inactive），此數據相較於社區的40％的比例高出1倍（Welsh Assembly Government, 2005）。以下介紹英國威爾斯循環（circulation）健康老化方案，主要推動於全方位之健康促進，聚焦於動得更多（moving more often）。動得更多是英國心臟基金會（British Heart Foundation）針對提供衰弱老人健康與照顧服務的工作者以及志工的訓練課程，可廣泛於健康以及照顧服務中運用，例如：日照中心、養護中心以及安養中心，動得更多方案推動健康飲食以及活躍生活型態給予長者，倡議具有科學實證的課程（evidence based program）以及藉由團隊合作，將研究結果轉換成實務運作。評估免費提供60歲以上長者游泳課程之先行計畫，其執行內容以及時間表如**表**5-2。

此課程有別於一般性傳統的運動課程，其目的在於增進衰弱長者之規律身體活動，共有四部分組成：

1.跟我走（walk with me）：鼓勵培養小群體的規律性的走路習慣，或協助活動限制的長者參與走路活動。
2.個人專屬（on my own）：給予希望在私人空間活動的人適合的課程。
3.走出戶外（getting out）：開發社區潛在機會。
4.遊戲（games people play）：運用簡單的器具，例如軟球、豆袋（bean bags）設計兼具合作與競爭的遊戲。

表5-2　60歲以上長者游泳課程之執行內容及時間表

內容	政策／主管機關與時間
評估英國心臟基金會針對衰弱老人推試運行計畫（pilot programme），並拓展至威爾斯各地	Welsh Assembly Government (HPD/ Local Authorities Local Health Boards/other agencies). 2005-2007
經費支持	Welsh Assembly Government (HPD/ Local Authorities Local Health Boards/other agencies). 2005-2007
評估60歲以上免費游泳課程之效益	Welsh Assembly Government (Sport Policy Unit). 2005
發展試運以及監控游泳同儕教練之計畫（senior peer health mentor）	Welsh Assembly Government (HPD/ SPU)/ SCW. 2005-2008
志工、環境與社交	Government (HPD)/ BTCV Cymru. 2004-2007
指導員的再教育	Welsh Assembly Government (HPD) . 2005-2006
依照計畫校標（outcome）適當彈性調整課程	Welsh Assembly Government (HPD) . 2005-2007
與當地代表人物共同合作，鼓勵推動適當課程在運動中心	Welsh Assembly Government (HPD). 2005-2007
地方衛生局以及主管機關必須確保當地身體活動計畫的進行	Local Health Boards/ Local Authorities Ongoing
與照護中心夥伴共同合作推動健康促進議題含身體活動	Welsh Assembly Government (HPD). 2005-2007
政府部門（Welsh Assembly Government）發展以及宣傳高品質的運動指引	Welsh Assembly Government (HPD). 2005-2007

(二)瑞典

　　瑞典80歲以上的「老老人」的人口是全歐洲最高，且其85歲以上老人自認健康良好的比率高達五成一，是全歐洲最高。其主要身體活動政策讓坐式長者更活躍，其策略為發展良好的身體活動支持環境給予長者，藉由連結照顧者、成人教育機構、志工、非營利組織等等的資源網絡給予長者，促進其增進身體活動與人際間的互動。

(三)芬蘭

　　以行動計畫聯盟（action plan alliance）為主軸，增進坐式生活長者的活動量為宗旨（The National PASEO Alliances for Physical Activity Promotion among Older People），以共同合作、資訊分享，以及共同設計活動與訓練指導者之基本精神，給予最新具有科學實證之促進健康效益的身體活動建議，並依照不同促進效益等級給予建議，關切的焦點如下：

　　1.長者必須能夠有足夠的機會執行功能性活動、發展自我照顧的技巧與知識。
　　2.住家以及地區的服務系統必須支持長者執行運動時所需。

(四)丹麥

　　丹麥之坐式工作種類占全數工作種類之33%（1987年）上升至37%（2000年），目前坐式生活者的比例約20～30%，使身體

活動成為日常生活的一部分是主要的政策主軸（Government of Denmark, 2002），且將身體活動納入疾病治療與復健的一部分，丹麥政府針對第二型糖尿病、心血管疾病、可預防之癌症（例如大腸癌、乳癌）、骨質疏鬆、骨骼肌肉問題、精神問題、慢性阻塞性肺病以及氣喘與過敏發展因應策略。老人身體狀況不像一般人同質性較高，在一樣年紀的老人中有人相當健康且具有相當好的生活品質，反觀有些老人身體功能障礙、虛弱、疾病、孤獨以及過著品質相當差的生活。身體健康或是只有少部分疾病的65歲以上老人，其比例約36%；超過80歲，此比例下降至12%。因此，高齡者健康促進還有一大步要努力，例如：如何避免退休之後身體活動量下降就是一個很重要的議題。公部門和志工團體就扮演重要的角色。醫生也扮演不可或缺的角色，醫師常常是第一位接觸長者的專業人士。

四、美國

隨著年齡增加，罹患慢性疾病的機會也較高，目前美國推廣的運動策略往往與慢性疾病監控或改善有關，運動課程著重科學佐證（evidence-based），也就是具有實證的運動課程設計（Evidence-based Disease and Disability Prevention Program, EBDDP），其特色為（Administration on Aging, 2012）：

(一)運動課程之設計特色

1.具科學佐證之課程或活動。
2.於所居住的社區進行。

3.執行地點非醫療院所而是社區。

4.提供同儕學習的氛圍，這樣人際與社會網絡的動力更能強化
老人正向的健康行為。

(二)運動課程之空間、環境及設備規劃

課程包羅萬象，有排舞、太極、中高齡有氧班、健走俱樂部、
瑜伽伸展、園藝課程以及踢踏舞（Tap Dancing），課程設計為複合
式課程，一週三次，八週，共二十四堂課。每堂課包括六十分鐘的
運動以及三十分鐘的行為改變相關的衛教課程。其空間、環境以及
其他設備規劃為：

1.空間的需求考量：走路空間可選擇房間周圍、長廊或戶外空
間。

2.有足夠放置提供給參與者椅子的房間。

3.要有器材放置儲存的空間。

4.鏡子（加分）或是麥克風。

5.進行有氧運動的相關設備。

6.一個班級約20～25人為佳。

7.要有讓老人站立，雙臂平舉不會碰觸到他人的空間。

8.阻力訓練器材可以選多種磅數的彈力帶或彈力繩以及腳踝沙
袋（一次增加0.5磅）。

9.具備操作說明或是由指導員進行指導教學。

10.音樂帶以及放音機。

(三)運動課程之種類

◆紐澤西運動課程

　　因老化所伴隨身體功能衰退有70％與不良的生活習慣有關（Blueprint for Healthy Aging in New Jersey），課程運作需解釋課程的效益，並且以指引（guideline）的方式規劃並組織課程的執行，而且提供方法發展有效的夥伴關係以維持課程的運作，此課程由經過訓練之同輩（長者）來執行，並以非常便宜的經費即可複製其模式（Blueprint for Healthy Aging in New Jersey）。

◆行動方案（Call to Action）

　　二十四週的課程設計包含運動、營養、安全藥物使用以及生活相關的議題，課程採取同儕領導的方式，召集地方政府的健康相關部門、老化部門、退休以及資深志工課程（Retired and Senior Volunteer Programs, RSVPs）。社區課程的執行以及監控皆由同儕領導者擔任。幾乎所有的課程手冊都會列出此課程的效果、如何重複操作、相關聯繫方式以及提供近一步學習之相關資源的連結。此外，發展公共設施以支持長者從事各種身體活動課程，使長者能在自己所屬社區進行活動，並與模範角色（role model）以及同儕領導者接觸並且在令人感覺舒適的環境下練習新的技巧，於長者可（易）前往的地方給予低價位的課程範例，例如：老人中心、宗教聚會場所，也提供對於長者方便交通接送服務，包含接送點以及接送時間。

◆今日動起來（Move Today）

　　每週一至二次的課程，每次三十至四十五分鐘，為期十二週的非有氧運動的運動課程，主要以增進柔軟度、平衡以及精力（stamina），主要由年紀相仿的長者負責帶領，課程前後評估其健康、身體安適狀態以及行為改變的意願狀況，運動課程以及課程指引是依據國家認定之標準與科學證據設計而來，根據參加此課程的長者表示，參加此課程有助於行動力、柔軟度以及平衡的增進。

◆讓生活更健壯（Strong for Life）

　　由波士頓大學設計，主要強化上肢與下肢肌力的運動課程，由Interfaith Network of Care非營利組織提供於社區內執行，由經受過訓練者或高階訓練師（master trainer）帶領訓練失能者以及高齡者在家進行運動，一邊看電視一邊做運動，動作設計主要以日常生活會動到的肌群與動作為主，並鼓勵社會參與和社會責任，參與者每週執行過程中都會得到相關的協助。

◆關節炎基金會運動課程（Arthritis Foundation Exercise Program）

　　經由美國疾病管制局認可，針對輕度到中度關節炎患者之社區科學實證運動課程，由合格之指導員帶領參與者緩和的運動，包括每個關節活動，低衝擊的課程可以協助並增加其肌力、增加關節柔軟度與動作範圍，此課程亦包含放鬆訓練與健康教育課程。

◆長長久久健走課程（Live Long Live Well Walking Program）

　　此十二週課程，鼓勵50歲以上居民一週大部分的天數（一週超過五天），一天至少走三十分鐘。並提供相關資源鼓勵社區發展健

走俱樂部，參與者會收到走路課程表，完成此課程表即會頒發參與證書。

◆國家傷害預防以及防跌中心

　　教育跌倒危險因子以及預防策略，給予老人及其家人與照顧者，運動課程可以為團體或個人，執行的場域可以是社區或家庭。實施太極、肌力以及平衡訓練，並進行藥物篩選、視力以及居家環境安全評估，以確認是否影響其平衡能力。

◆SMILE運動（順暢動作運動）

　　SMILE指的是Smooth Movement in Leisure Exercises，在進行休閒運動時動作是順暢的，個人專屬的課程就是主要由幾個順暢動作組合而成，您將會發現越做越順暢且越做越舒服，此課程並且去除會造成關節問題的動作，太極拳以及竹棒運動就屬於從慢動作的過程中精熟動作的課程，這些重心轉移的慢動作訓練有助於長者因應跌倒情境。

參考文獻

台北市政府社會局（2013年1月16日）。長青學苑【線上訊息】。取自台北市政府社會局網址，http://www.bosa.tcg.gov.tw/i/i0300.asp?fix_code=0407004&group_type=1&l1_code=04&l2_code=07

行政院衛生署國民健康局（2005）。94年度國民運動行為調查結果說明會。取自行政院衛生署國民健康局網址，http://www.bhp.doh.gov.tw/bhpnet/portal/ PFShow.aspx? No=200712250006

教育部（2012）。取自教育部樂齡學習網網址，http://moe.senioredu.moe.gov.tw/ezcatfiles/b001/img/img/28/130852592.pdf

黃松共、吳永鐘（2003）。〈台灣地區社區健康營造中心運作現況初探——以兩梯次159家社區健康營造中心為例〉。《醫務管理期刊》，第4卷第1期，頁13-38。

蔡秋敏（2012）。〈從社會資本觀點論促進家庭中老人參與健康促進活動〉。《家庭教育雙月刊》，第35期，頁6-23。

Administration on Aging (2012, April 23). *Evidence-based Disease and Disability Prevention Program (EBDDP)*. Retrieved from Administration on Aging Website: www.aoa.gov/AoA_Programs/HPW/Evidence_Based/index.aspx

Department of Health and Senior Service, State of New Jersey. (n. d.). Blueprint for Healthy Aging in New Jersey. Retrieved from http://www.state.nj.us/humanservices/doas/documents/guide.pdf

European Older People's Platform (2007). Healthy Ageing-A Challenge for Europe. Retrieved from http://www.globalaging.org/health/world/2007/eufullreport.pdf

Government of Denmark (2002). Healthy throughout life-The targets and strategies for public health policy of the Government of Denmark 2002-2010. Retrieved from http://dopah.anamai.moph.go.th/upload/fckeditor/file/PA_PLAN_5.pdf

Middelbeek, L., & Kahlmeier, S. (2010). *Review of physical activity pro-*

motion policy development and legislation in European Union Member States. Retrieved from http://www.euro.who.int/__data/assets/pdf_file/0015/146220/e95150.pdf

Welsh Government (2008, March 20). *Healthy Ageing Action Plan for Wales*. Retrieved from Welsh Government Website: cymru.gov.uk/topics/olderpeople/publications/healthyageingactionplan?lang=en

Welsh Assembly Government (2005). *Healthy Ageing Action Plan for Wales*. Retrieved from Welsh Government Website: http://cymru.gov.uk/topics/olderpeople/publications/healthyageingactionplan?lang=en

Chapter 6

高齡者身體活動前評估

錢桂玉

 學習目標

身體活動前評估包含安全性、需求性、可行性以及環境評估，且需包含生理、心理以及社會層次。評估為活動設計的必要措施，唯有透過適當的評估才能使參與者享受安全、有效且愉快的運動課程。本章節介紹身體活動前的評估種類，並以防跌課程為例說明建構課程所需要之步驟與要素。

　　科學證據指出運動參與和健康狀況有高度的關聯，身體活動度減少是造成機能退化與慢性疾病的主要原因之一，因此如何增加面臨或是進入退休生活的中高齡民眾之運動參與，是現今世界各國努力的方針及重要政策推動議題。顯然，民眾對於運動仍有一些顧慮以及理由致使規律運動的比例仍不高。國外研究指出不運動的理由多為太貴、沒時間、運動太難、運動不舒服、我不知道該做何種運動以及如何進行運動、在大庭廣眾下暴露身材我會不好意思、過去運動感受不好或經驗不愉快等等（Stein, 2012）。國人之運動阻礙因素以身體狀況（如不舒服、疼痛）為主要因素，此外，沒有時間以及太忙是次要因素。如何避免上述的原因以增加民眾的運動參與率，為運動活動設計所必須重視的，身體活動前評估包含安全性、需求性、可行性以及環境評估，其構面需包含生理、心理以及社會層次。評估為活動設計的必要措施，唯有透過適當的評估才能使參與者享受安全、有效且愉快的運動課程，下文就說明上述四種評估之內容與方法，並於附件中呈現簡單之評估問卷之樣式以供參考。

一、運動安全性評估

　　運動安全性評估常用的有三種：第一種是由美國運動醫學會（American College of Sport Medicine, ACSM）所發展的心血管危險因子鑑別問卷；第二種是加拿大運動生理學會（Canadian Society for Exercise Physiology）發展的身體活動安全問卷（Physical Activity Readiness Questionnaire, PARQ）；第三種是由德州A&M健康科學中心（Program on Healthy Aging, Texas A&M Health Science Center School of Public Health）所發展之運動前安全篩檢問卷

（Exercise Assessment and Screening for You, EASY）。

(一) ACSM心血管危險因子鑑別

　　主要藉由判定心血管危險因子的等級，以及參與者所預計參與活動的激烈程度給予建議。心血管疾病危險因子評估中（**表6-1**），若您的年紀輕（女性55歲以下或男性45歲以下）或符合一項（含）以下危險因子者為低度風險者；年紀較長（女性55歲以上或男性45歲以上）或符合兩項（含）以上危險因子者為中度風險者；如果有已知的代謝心血管、肺部疾病者，或是有**表6-2**任何一種症狀者為高度風險者。由**表6-1**以及**表6-2**判斷出危險因子之隸屬等級之後，再依參與者要進行的運動強度種類不同，即可決定出參與者運動前是否需要進行進一步的運動測試（**表6-3**）。若不需要進一步進行運動測試，只需遵守運動前足夠暖身以及運動強度漸增性原則即可進行運動，若需進一步執行運動測試，則等待進一步運動測試結果出爐後，再給予運動計畫之建議，其步驟如下：

對於患有慢性疾病或具有相關症狀的民眾在參與身體活動前，需預先徵詢醫師的意見，瞭解其適合的身體活動類型、身體活動量及身體活動禁忌與注意事項，於運動時最好有專業的健康照護者陪同，方能確保參與身體活動的安全（行政院國民健康局，2009）。

表6-1　心血管危險因子

增加心血管疾病發生率的因子	
• 家族史：父親的近親於55歲之前罹患心臟疾病，或母親的近親65歲之前罹患心臟疾病	+1
• 抽菸習慣：六個月內有抽菸習慣	+1
• 坐式生活：一天沒有累積三十分鐘的運動	+1
• 高血脂：低密度膽固醇（LDL）大於130mg/dL	+1
• 高血壓：收縮壓大於140mmHg，舒張壓大於90mmHg	+1
• 肥胖：BMI大於等於27	+1
• 葡萄糖不耐：血糖大於110mg/Dl	+1
減少心血管發生率的因子	
• 高密度膽固醇（HDL）大於等於60mg/dL	-1

表6-2　高風險族群的症狀

• 胸腔部位附近會不舒服
• 會有頭暈的現象
• 躺著或睡覺呼吸覺得困難
• 腳踝部位有腫脹現象
• 有心悸現象或是有時會心跳過快
• 腳部會有疼痛的現象（間歇性跛足）
• 有心雜音，醫生是否曾經告訴您從事運動是安全的？
• 從事一般活動感覺會疲憊或者呼吸困難

表6-3　從事運動前是否需要執行運動測試

	低危險因子	中度危險因子族群	高危險因子族群
中等強度運動	不需要	不需要	建議
高強度運動	不需要	建議	建議

(二)身體活動安全問卷（PARQ）

　　主要針對18～69歲民眾進行運動前的安全性評估，此問卷主要由七個題目所組成，題目如下：

1.是否有醫師告訴過您，您的心臟有些問題，您只能做醫師建議的運動？

2.當您活動時是否會有胸痛的感覺？

3.過去幾個月以來，您是否有在未活動的情況下出現胸痛的情形？

4.是否曾因暈眩而失去平衡或意識的情況？

5.您是否有骨骼或關節問題，且可能因活動而更惡化？

6.您是否有因高血壓或心臟疾病而需要服藥（醫師處方）？

7.您是否知道您有任何不適合活動的原因？原因是＿＿＿＿＿。

以上問題若有一項或是一項以上答「是」，您在開始增加運動量或進行體能評估前，請先與醫生討論，告知醫生這份問卷內容，以及您回答「是」的問題。

您或許可以進行任何活動，但開始時需慢慢進行，然後逐漸增加活動量；又或許您因安全度考量需要限制從事部分的活動。請告訴醫生您希望參加的活動並遵循醫師所做的建議。此外，建議參與一些安全及有益健康的社區活動。

如果您對這份問卷的全部問題誠實地答「否」，您可以開始增加運動量，開始時慢慢進行，然後逐漸增加，這是最安全和最容易的方法。此外建議您參加體能評估，這是一種確定您基本體能的好方法，以便為您擬定最佳的運動計畫。此外，如果收縮壓超過144mmHg，舒張壓超過94mmHg，需先徵詢醫生的意見，然後才逐漸增加運動量。

※注意事項

如果您因傷風或發燒等暫時性疾病而感到不適，請在康復後才增加運動量；或如果您懷孕或可能懷孕，請先徵詢醫生的意見，然後才決定是否增加運動量。

請注意：如因健康狀況轉變，致使您先前回答否的問題須回答「是」的話，便應告知醫生或健身教練，評估是否應更改您的體能活動計畫。

(三)運動前安全篩檢問卷（EASY）

此問卷的特色為問題與題數更精簡，只有六題，而且若您可答任何一題為是，每一問題都有其因應的對策（**表6-4**）。此外，此份問卷問題有更多的感受描述，或是詢問填答者是否知道或是知道自己身體的狀況，若不知道或不清楚亦列入危險因子中。

表6-4　EASY問題與因應對策

問題	因應對策
在你做身體活動時，是否有感受到疼痛、胸悶及壓力（例如走路、爬樓梯及做家事等）？	在你開始運動之前，請與你的健康照護者討論，什麼運動你不能做的並且瞭解什麼運動是可以做的；如果這不是新的症狀，而且也被評估過，那請繼續實施你的運動計畫。
你現在是否感受到暈眩或者頭昏眼花的症狀？	在你開始運動之前，請與你的健康照護者討論；在與健康照顧者討論，瞭解什麼運動是有益的之前請不要做任何運動。
是否有人跟你說過你有高血壓的症狀？	如果在過去六個月都沒量過血壓，建議趕緊去量測；如果你已經有高血壓，請你繼續持續運動來改善心臟健康及預防疾病。
是否你身體有感覺到疼痛、僵硬及腫脹感而限制或阻止你做想的事或需要做的事？	請繼續享受你的運動，以避免關節惡化及幫助減緩疼痛；如果有骨質疏鬆症，請避免過度延伸與彎曲脊椎或彎腰及快速移動。
在你下樓梯時是否感受到行走不穩或者需要用輔助器幫助行走或站立？	在你開始運動之前，請與你的健康照護者討論；與健康照顧者討論後瞭解什麼運動是有益的。
在你開始實行運動計畫之前，是否有健康因素會讓你考慮或擔心運動的安全性？	在你開始運動之前，請與你的健康照護者討論，大部分的問題應都可以解決，你可以藉由實施運動計畫來改善整體健康。

　　任何不舒服包含關節肌肉紅腫或疼痛、發燒、收縮壓超過200mmHg、舒張壓超過100mmHg，或安靜狀態下心跳每分鐘高於120下，不宜從事運動，需暫時休息。

　　除此之外，因藥物種類會影響其心跳率，因此需要詢問醫師或藥師服用藥物的種類，例如貝他阻斷劑會影響運動者當下運動心跳反應，進而影響指導員或是參與者對於運動強度判斷的準確性。此外，對於會影響體溫調節之藥物也需特別注意，例如利尿劑。最後活動限制也必須評估，例如：關節活動範圍、視力與聽力狀況等，如此才能針對參與者進行是何動作規劃與執行。

二、需求評估

　　需求評估可分為長者參與運動的動機、目的以及個人對運動種類的喜好。瞭解動機與目的之後才能達到長者對於參與運動後的預期效果，使長者於運動中或是運動課程結束後滿意度提升，進而持續運動行為，養成規律的運動習慣；國內研究指出大部分的老年人從事休閒運動的目的主要是維持體能、休閒娛樂及健身而已。因此在休閒運動的安排上應重視其人性化、趣味性及安全性。尤以個人可自行控制運動強度的運動項目最適合（陳安妮，2010）。至於是否瞭解個人運動喜好於運動課程的成敗扮演關鍵性的角色，運動種類依長者習慣或是喜歡的項目去執行，可提升長者的自我效能以及成就感，有助於後續運動計畫的執行。國民健康局亦建議在開始從事身體活動之前，建議考慮個人的興趣、經濟與環境條件，選擇可以長時間規律實施的身體活動類型，再根據不同健康狀況者的健康體能需求，設定個人的健康目標（行政院國民健康局，2009）。

此外，高齡者的運動設計必須符合日常生活能力的需求，因此與生活功能有關的體適能元素（如肌力、柔軟度以及平衡等）以及動作設計為國內外所重視與採用，亦有以懷舊色彩加入動作設計，增加長者運動參與的熟悉度與愉悅的感受。

三、環境評估

執行場域的環境會影響運動課程的執行方式，因此事先瞭解運動或活動的執行場域是相當重要的，環境評估分為空間與設備的考量：

(一)空間的需求考量

1. 一個班級約20～25人為佳，要有讓老人站立，雙臂平舉不會碰觸到他人的空間。
2. 有足夠放置提供給參與者椅子的房間。
3. 要有器材放置儲存的空間。
4. 走路空間可選擇房間周圍、長廊或戶外空間。

(二)設備考量

1. 麥克風、有鏡子最好。
2. 進行有氧運動的相關設備。
3. 阻力訓練器材可以選多種磅數的彈力帶或彈力繩以及腳踝沙袋（一次增加0.5磅）。

4.音樂帶以及放音樂機器。

四、防跌課程發展

依據美國疾病管制局國家傷害預防與控制中心（National Center for Injury Prevention and Control）所發展的預防跌倒指引（Center for Disease Control, 2008）之防跌課程發展關鍵步驟如下：

第一步：評估您的社區需求。

請依照下列問題去釐清以及評估你的社區需求以及適合策略：

1.誰需要這樣的課程？近期是否已經有相關的課程在運作？

2.社區組織現今以及未來的目標以及資源是什麼？以提供規劃給社區獨立長者服務。

3.社區有多少不同層級的人力可以支援這樣的課程，從中心執行長、工作人員、志工以及其他長輩等。

4.社區資源與組織的夥伴為何？這樣的課程是否容易落實。

第二步：為建立課程的目的、目標以及宗旨。

1.詢問：

(1)為何要發展此計畫？

(2)此計畫的短程與長程目標為何？

2.你的目的與目標要明確、有彈性以及清楚，目標是要能夠被測量的，思考目標引領課程的方針，而主題就是達成預定目標的方法，經由評估的過程，可以容易的測量此課程的成功因子為何？強而有力的活動目的，明確的目標以及行動導向的活動主題（action-oriented objectives）可塑造一個成功的老

人防跌課程。

第三步：決定並描述此課程的危險因子。

第四步：與其他夥伴合作描述額外之危險因子。

第五步：決定此課程各要項活動之投入的人（**表**6-5）。

第六步：找一個社區地點實施；確認執行此課程所需人、時、
　　　　地、要素（**表**6-6）。

第七步：評估你的課程。

第八步：推廣行銷你的課程。

第九步：持續你的課程（永續經營），保持你的目標，維持合
　　　　作關係以及尋求支持與新的資源。

表6-5　防跌課程所需投入的人力及其所擔任之業務種類

課程	醫生	驗光師	照護人員	藥師	護士	物理治療師	職能治療師	社工	運動指導員	運科人員	太極運動教練
教育											
團體			√		√	√	√	√*	√*	√*	√*
個人			√*	√	√	√	√	√*	√*	√*	√*
評估											
步態	√*		√*			√					
簡單平衡	√*		√*	√*	√*	√	√*		√*	√*	√*
深入平衡	√*		√*	√*	√*	√	√*				
肌力	√*		√*	√*	√*	√	√*		√*	√*	√*
運動											
1：1平衡						√	√		√*	√*	√*
1：1肌力加平衡					√*	√	√		√	√	
團體課程						√*	√		√	√	√
個別課程／物理治療師			√		√	√			√		√
太極					√*	√			√*	√*	√
藥物											
藥物回顧	√		√	√							
藥物管理			√	√							
視覺											
基本評估	√	√	√*		√*						
詳盡評估	√	√	√*								
視力矯正		√									
居家安全											
評估	√*		√*		√*	√*	√	√*			
基本的調整			√		√		√	√*			
技術修飾							√				
其他											
輔具使用訓練						√	√				

註：√*表示需要額外的教育與訓練。

103

表6-6　執行課程所需之資源

課程	家中	診所	醫院	物理治療師工作室	藥局	老人社區休閒中心	健身中心	老人住宅設施
教育								
團體		✓	✓			✓	✓	✓
個人	✓	✓	✓	✓	✓	✓	✓	✓
評估								
步態	✓	✓	✓	✓		✓	✓	✓
簡單平衡	✓	✓	✓	✓		✓	✓	✓
深入平衡	✓	✓	✓	✓		✓	✓	✓
肌力	✓	✓	✓	✓		✓	✓	✓
運動								
1：1平衡	✓	✓	✓	✓		✓	✓	✓
1：1肌力加平衡	✓	✓	✓	✓		✓	✓	✓
團體課程						✓	✓	
個別課程／物理治療師	✓	✓	✓	✓		✓	✓	
太極						✓	✓	
藥物								
藥物回顧	✓	✓			✓			✓
藥物管理	✓	✓			✓			✓
視覺								
基本評估	✓	✓	✓			✓		
詳盡評估	✓	✓	✓					✓
視力矯正	✓	✓	✓					✓
居家安全								
評估	✓							✓
基本的調整	✓							✓
技術修飾	✓							✓
其他								
輔具使用訓練	✓	✓	✓	✓		✓	✓	✓

高齡者身體活動前評估

參考文獻

行政院國民健康局（2009）。台灣健康體能指引。取自台北市政府衛生局網址，https://101.health.gov.tw/upload/20118117028_%E8%87%BA%E7%81%A3%E5%81%A5%E5%BA%B7%E9%AB%94%E8%83%BD%E6%8C%87%E5%BC%95.pdf

Center for Disease Control (2008). Preventing Falls: How to Develop Community-based Fall Prevention Programs for Older Adults. Retrieved from http://stacks.cdc.gov/view/cdc/11477/

Stein A. E. (2012). Prescription to exercise Galter LifeCenter's Fundamental Fitness program makes doctor's orders easy to follow. Retrieved from http://wellcommunitychicago.org/articles/trends-news/ prescription-exercise

附件

健康暨運動行為問卷

您好：

　　此份問卷主要瞭解您的身體情況，評估您從事運動的安全性，並得知您對運動想法與喜好，以作為建議您從事安全又有效運動課程之依據。

填表日期：＿＿＿年＿＿＿月＿＿＿日

一、基本資料

姓名：＿＿＿＿＿＿＿　性別：□男 □女　出生年月日：＿＿＿年＿＿＿月＿＿＿日

年齡：＿＿＿＿＿＿歲

連絡電話：＿＿＿＿＿＿＿＿＿＿＿　行動電話：＿＿＿＿＿＿＿＿＿＿＿＿

E-mail：＿＿＿＿＿＿＿＿＿＿＿＿＿＿＿＿＿＿＿＿

血壓：＿＿＿＿＿＿＿ mmHg／＿＿＿＿＿＿＿ mmHg

身高：＿＿＿＿＿＿＿ 公分

二、運動危險因子篩檢

1.請問您家族中是否有下列疾病史？

　□心臟疾病（男性55歲前；女性65歲前）□高血壓 □糖尿病

　□其他疾病

　□自填＿＿＿＿＿＿＿＿＿

2.您是否曾被醫師診斷出下列疾病？

　□無

　□有，請勾選

☐高血壓 ☐心臟病 ☐糖尿病 ☐痛風

☐內耳神經不平衡（如眩暈症）☐腎臟病 ☐糖尿病 ☐肺部疾病

☐其他_____

3.骨頭與關節是否曾經於不活動時感受到不舒服、疼痛？

☐無

☐有，請勾選疾病名稱

　☐類風濕性關節炎

　☐腕隧道症候群

　☐退化性關節炎

　☐腰部椎間盤突出

　☐其他_____

4.下列部位是否曾經於不活動時有肌肉痠痛、緊繃的問題？

☐無

☐有，請勾選部位

　☐肩頸部

　☐手臂、手腕

　☐背部

　☐腿部

5.您是否有曾經或現在有使用藥物（含高血壓、糖尿病、止痛劑……）？

☐否

☐是，藥物名稱：_____，治療項目_____

服用多久：☐3個月以內 ☐3個月～1年 ☐1～3年 ☐3～5年 ☐5年以上

6.您是否已停經或者有做過子宮切除的手術？（女性回答）

☐否　☐是

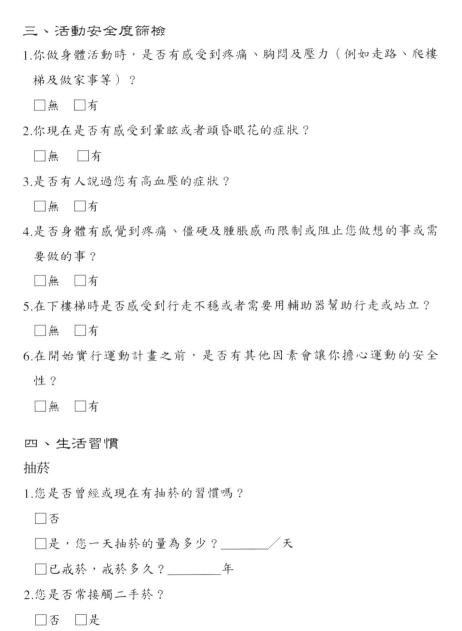

三、活動安全度篩檢

1. 你做身體活動時，是否有感受到疼痛、胸悶及壓力（例如走路、爬樓梯及做家事等）？

　□無　□有

2. 你現在是否有感受到暈眩或者頭昏眼花的症狀？

　□無　　□有

3. 是否有人說過您有高血壓的症狀？

　□無　□有

4. 是否身體有感覺到疼痛、僵硬及腫脹感而限制或阻止您做想的事或需要做的事？

　□無　□有

5. 在下樓梯時是否感受到行走不穩或者需要用輔助器幫助行走或站立？

　□無　□有

6. 在開始實行運動計畫之前，是否有其他因素會讓你擔心運動的安全性？

　□無　□有

四、生活習慣

抽菸

1. 您是否曾經或現在有抽菸的習慣嗎？

　□否

　□是，您一天抽菸的量為多少？_____／天

　□已戒菸，戒菸多久？_____年

2. 您是否常接觸二手菸？

　□否　□是

活動習慣（非工作中的勞動）

1.您是否有規律的運動習慣？

　　☐否（請跳答第2題）

　　☐是

　　(1)您有運動習慣多久？

　　　　☐半年內 ☐半年～1年內 ☐1～3年 ☐3年以上

　　(2)您運動的頻率是每週：

　　　　☐沒有 ☐少於一次 ☐1～2次 ☐3～4次 ☐5次以上

　　(3)您每次運動的持續時間是：

　　　　☐20分鐘以下 ☐20～40分鐘 ☐40～60分鐘 ☐1小時以上

　　(4)您運動時呼吸的感覺？

　　　　☐沒什麼變化 ☐輕微加快 ☐微喘 ☐上氣不接下氣

　　(5)您喜愛或常做的運動項目為：

　　　　☐無特別喜愛

　　　　☐散步與健走 ☐慢跑 ☐走樓梯 ☐登山 ☐騎腳踏 ☐游泳 ☐甩手

　　　　☐體操 ☐高爾夫球 ☐太極拳 ☐外丹功

　　　　☐其他，＿＿＿＿＿＿＿＿＿＿＿＿＿＿＿＿＿

2.請從下列項目中，填選您平時的活動指數（0～7分）＿＿＿分：

　0分　總是搭電梯、坐車，盡可能的少走路

　1分　僅有空閒時才會走路，偶爾會運動但少有呼吸喘的情形

　2分　每週休閒活動10～60分鐘（休閒活動如：高爾夫、桌球、保齡球、柔軟操、舉重等）

　3分　每週休閒活動大於1個小時

　4分　每週跑步距離小於1.6km或是劇烈運動小於30分鐘（劇烈運動如：慢跑、游泳、騎腳踏車、網球、籃球等）

5分　每週跑步距離1.6～8km或是劇烈運動30～60分鐘

6分　每週跑步距離8～16km或是劇烈運動1～3小時

7分　每週跑步距離>16km或是劇烈運動>3小時

3.您一天累積的身體活動（如：步行）時間是：

　□10～30分鐘 □30～60分鐘 □60分鐘以上

4.您一天坐的總時間約：

　□5小時以下 □5～8小時 □8～12小時 □12～16小時 □16小時以上

五、活動參與動機與需求

1.您參與此運動課程的原因為何：

　□保持健康 □減肥 □增加肌肉量 □興趣 □朋友介紹 □工作需求

　其他＿＿＿＿＿＿

2.您希望藉由參與此運動課程達到何種目的：

　□無

　□增進身體功能 □增進健康 □減肥 □增加肌肉量

Chapter 7

高齡者瑜伽運動

梁宛真、洪大程

 學習目標

運用瑜伽的原理編排銀髮族的課程動作，指導者
需注意在課程當中，還是要隨著各個學員的狀況
及環境有所調整及改變。

致謝：
愛普適應體育工作室／協助指導
張芸溱老師／動作示範

本章對指導員強調：(1)專業知識；(2)倫理道德觀；(3)隨時瞭解並觀察學習者身體及心理狀況；(4)給予學習者適當的輔助器材，將動作達到相同功能。對學習者強調：(1)動作中呼吸；(2)身體的探索；(3)不勉強身體；(4)動作的過程中若有任何狀況，都須讓指導員知道。另需關心年長者身體及心理的轉變，包括：(1)視力的變化；(2)聽力的減低；(3)味覺的衰退；(4)皮膚與頭髮；(5)骨骼與關節；(6)消化與營養；(7)循環系統；(8)排泄系統；(9)性慾與生理（曾文星，2004）。

當然除了身體與生理的變化外，在精神方面也會有明顯的轉變（意指年長者在環境中忽然間的精神轉變），精神功能包括：(1)智力功能；(2)記憶力；(3)判斷力；(4)情感與情緒（情感較脆弱，不喜歡聽到不好的或是負面的消息，也不如年輕時候的自己能夠承受情感上的壓力，遇事容易膽怯也比較容易擔心）；(5)性格與態度。

所以教學者在課程中更要適當、適時、適度的出現正向、讚美、幽默的話語及氛圍，使年長學習者於課程中能身心放鬆並在自身最佳的狀態下學習。

一、輔助器材

(一)輔助器材功能

高齡者整體的身體循環功能皆持續退化中，尤其骨骼與關節的狀況更加明顯，所以高齡者更應該要加強身體的活動。而在進行身體活動時，更要注重預防傷害及避免二次傷害。所以在課程中指導

員要好好運用輔助器材教導學習者,使學習者身體及心理都能達到
最好的效果及功能。

(二)輔助器材介紹

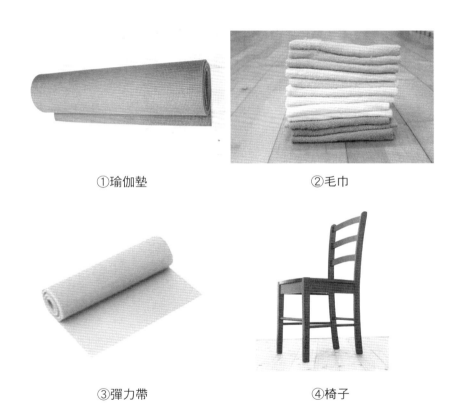

①瑜伽墊　　　　　　　　②毛巾

③彈力帶　　　　　　　　④椅子

二、基礎動作

(一)動作前省思

今天的身體狀況好嗎？

→身體狀況良好，朝我們的高齡者瑜伽前進。

(二)靜心

1.盤坐：雙腳交叉盤坐，手放置膝蓋，眼睛閉上，一吐一吸做呼吸調節，將身心安靜下來。若膝蓋交叉角度過大不舒服，可用枕頭置於雙膝下將其墊高。

2.山式（mountain）：調節呼吸讓身心安靜。山式是瑜伽動作中的基礎動作，這個動作可以緊實全身肌肉線條、腹肌與臀肌，同時打開頸、肩、胸腔，強化足弓、足踝、膝蓋和大腿（http://www.asiahowto.com/player.jsp?id=575）。

(三)站姿調整

◆預備動作檢視

1.腳打開是否與肩膀同寬。

2.腳趾尖是否朝前。

3.肩膀是否放鬆及平行（不聳肩，不一高一低，過程須維持）。

4.從頭頂、耳朵、肩膀、手臂、骨盤、膝蓋至腳呈一條直線，

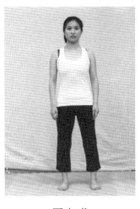
☑山式

☒駝背

☒上半身太彎曲

　　重心在腳底中間。

◆身體姿勢調整

　　指導者先調整學習者的正確身體位置後，讓學習者試著看鏡中的自己調整位置。

　　1.指導者先引導學習者。
　　2.學習者瞭解身體的位置。
　　3.課程中可加入兩兩一組，做身體位置的調整，讓學習者觀察
　　　他人的身體當中，也檢視自己。

三、瑜伽課程

　　瑜伽課程可以分為三個部分：(1)暖身；(2)主運動；(3)延展及緩和，茲分述如下：

(一)暖身（呼吸、站姿）

暖身動作的目的為使身體核心體溫升高，減低肌肉黏滯性，增加關節活動度，防止運動傷害，動作包括：(1)呼吸調整；(2)前彎；(3)三角立式；(4)勇士式。

◆呼吸調整

1. 站姿：雙腳平行站立，膝蓋稍彎曲，雙手合十向上，安靜緩慢呼吸。
2. 初階動作：(1)雙手合十向上，手肘伸直；(2)手指尖伸到最頂端；(3)雙手分開由上往兩旁打開呈「一」字；(4)雙手經大腿兩側；(5)雙手於胸前合十，回到原來的動作。
3. 進階動作：(1)雙手合十向上，手肘伸直；(2)手指尖伸到最頂端；(3)雙手分開由上往兩旁打開呈「一」字時膝蓋往前蹲；(4)雙手經大腿兩側時膝蓋恢復伸直；(5)雙手於胸前合十，回到原來的動作。

①正面　　　　　　②側面　　　　　③手指尖到頂端

④雙手由上端分開

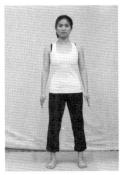
⑤雙手經大腿

⑥還原—雙手合十

◆前彎

1. 入門動作：雙腳平行站立，雙手自然在大腿兩側外垂直放鬆，低頭慢慢向下彎，經頸、背之後身體直立慢慢還原，反覆四次。

2. 初階動作：雙腳平行站立，雙手自然在大腿兩側外垂直放鬆，低頭慢慢向下彎，經頸、背、腰之後身體直立慢慢還原，反覆四次。

3. 中階動作：雙腳平行站立，雙手自然在大腿兩側外垂直放鬆，低頭慢慢向下彎，經頸、背、腰、骨盤時膝蓋微蹲，最後身體直立慢慢還原，反覆四次。

4. 進階動作：雙腳平行站立，雙手自然在大腿兩側外垂直放鬆，低頭慢慢向下彎，經頸、背、腰、骨盤時膝蓋微蹲，接著頭繼續往下，視個人的柔軟度可將雙手平放於地上、小腿前側或膝蓋上，靜止不動維持十秒，最後身體直立慢慢還原，反覆二次（注意是否能自然呼吸，不憋氣）。

①經頭

②經頸

③經背

④經腰椎時，膝蓋蹲

⑤手碰地上

⑥替代動作

★注意：視個人的柔軟度狀況，做調整。若最後一個動作無法碰到地上，手可放置膝蓋或小腿前方，如⑥替代動作。

◆三角立式

1. 雙腳分開站立，右腳朝右，左腳內轉於平行站姿，張開雙臂，上半身向右平行移動，接著彎向右側，右手視能力放於腳踝、小腿前側或膝蓋，右手與左手呈一直線，頭轉向上方

看左手手指尖，此姿勢停留十秒後，吐氣，身體回到大字形
的位置，手輕輕放下至身體兩側位置。

2.雙腳分開站立，左腳朝左，右腳內轉於平行站姿，張開雙
臂，上半身向左平行移動，接著彎向左側，左手視能力放於
腳踝、小腿前側或膝蓋，左手與右手呈一直線，頭轉向上方
看右手手指尖，此姿勢停留十秒後，吐氣，身體回到大字形
的位置，手輕輕放下至身體兩側位置。

①雙腳分開站立

②張開雙臂

③身體平移向旁

④身體彎，手碰膝蓋

⑤頭看下方

⑥錯誤動作：上手臂外
展超過身體中心線

★注意：1.身體彎下時，頸部延伸。

2.上手臂與下手臂垂直，肩關節不外展。

3.若上手臂無法伸直，可改變手的位置。例如：將上手放置肩膀或
插腰。

119

◆ 勇士式

1. 雙腳分開站立，手臂張開，右腳朝右，左腳也朝向右，右膝蓋彎曲左右腳成弓箭步。手臂向上雙手合十後張開手臂，反覆三次，第四次之後雙手合十不動，頭看上方並後仰15度。還原動作為，頭由後仰還原至直立狀態，雙腳伸直一起向左轉至前方，雙手由合十張開至身體兩側，再由身體兩側回復至大腿兩側。

2. 雙腳分開站立，手臂張開，左腳朝左，右腳也朝向左，左膝蓋彎曲左右腳成弓箭步。手臂向上雙手合十後張開手臂，反覆三次，第四次之後雙手合十不動，頭看上方並後仰15度。還原動作為，頭由後仰還原至直立狀態，雙腳伸直一起向右轉至前方，雙手由合十張開至身體兩側，再由身體兩側回復至大腿兩側（左右各做四次）。

①雙腳分開

②手臂張開

③左右腳轉一同方向

④雙手向上合十

⑤雙手打開，呈大字形

⑥弓箭步

⑦雙手向上合十

⑧頸部向後延展約15度

★注意：若手無法抬高，則可調整手的位置。例如：放肩膀、手肘打開在旁或插腰。

(二)主運動（坐姿動作）

主運動視個人的柔軟度，進行全身各部位骨骼、肌肉、關節的活動，動作包括：(1)前驅式；(2)桌子式；(3)反木板式；(4)半魚王式；(5)貓伸展式；(6)下犬式；(7)蝗蟲式；(8)鴿子式。

◆前驅式

1.屈腿坐，腳掌相對，視個人柔軟度雙手輕抓住腳掌或小腿。
  (1)初階動作：低頭放鬆向下，維持姿勢不動，十秒後慢慢起身還原。
  (2)中階動作：低頭放鬆向下經脖子，維持姿勢不動，十秒後慢慢起身還原。
  (3)高階動作：低頭放鬆向下經脖子到背，手順勢向前，手掌朝上維持姿勢不動，十秒後上半身慢慢起身，手回兩旁還原。
2.雙腳伸直合併，腳掌勾起，膝蓋微彎曲，兩手放置臀部兩旁。
  (1)初階動作：低頭放鬆向下，維持姿勢不動，十秒後慢慢起身還原。
  (2)中階動作：低頭放鬆向下經脖子，維持姿勢不動，十秒後慢慢起身還原。
  (3)高階動作：低頭放鬆向下經脖子到背，手順勢向前，手掌朝上維持姿勢不動，十秒後上半身慢慢起身，手回兩旁還原。

①正面坐姿

②側面坐姿

③緩慢低頭

④緩慢捲曲上背

⑤緩慢下背

⑥身體自然向前延伸

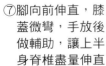

⑦腳向前伸直,膝
蓋微彎,手放後
做輔助,讓上半
身脊椎盡量伸直

⑧側面坐姿

⑨緩慢低頭

⑩緩慢捲曲軀幹

⑪身體自然向前延伸

★注意：替代動作——輔助上半身脊椎挺直

　　　　1.可運用牆壁，將背靠著牆壁做動作，手掌置於臀部兩旁，雙手臂
　　　　　伸直將背撐直。

　　　　2.若手因長度影響而無法自然平放於臀部兩旁，可調整距離位置。
　　　　　如手較長者可將手掌置稍前；手較短者可將手掌握拳。

◆桌子式

　　雙腳伸直張開與肩同寬，腳趾頭朝前，兩膝蓋彎曲，呈90度
角。雙腳掌站穩，雙手放置臀部後方約兩手掌的距離。吸氣預備，
下巴微收吐氣將臀部推高與身體呈一直線，停住不動五秒。接著吐
氣將臀部放下回到原來的位置（做四回）。

①膝蓋彎曲成90度上半身挺直坐
　好，手放置臀後兩旁

②將臀部推起

★注意：1.臀部推起的高度需視能力而定，若手不舒服，可在手下方放置毛巾。

　　　　2.此動作可運用椅子為輔助器材。

124

◆反木板式

　　雙腳伸直合併，雙手放置臀部後方約兩手掌的距離，吸氣預備，下巴微收吐氣將臀部推高與身體呈一直線，停住不動五秒。接著吐氣將臀部放下回到原來的位置（做四回）。

　①腳伸直，上半身盡量挺直坐好　　　　　②將臀部推起

★注意：1.臀部推起的高度需視能力而定，若手不舒服，可在手下方放置毛巾。
　　　　2.此動作可運用椅子為輔助器材。

◆半魚王式

　　1.屈右膝，左腿伸直，右腳跨過左腿踩穩在地板上，左臂用力環抱右腿，右臂伸直由前方向上繞圈延伸至地板，輕點地後，頭看向右肩方向（做四回）。
　　2.屈左膝，右腿伸直，左腳跨過右腿踩穩在地板上，右臂用力環抱左腿，左臂伸直由前方向上繞圈延伸至地板，輕點地後，頭看向左肩方向（做四回）。

①一腳屈膝，一腳伸直

②屈膝腳跨過另一腳膝蓋

③踩穩在地上

④手環抱腿

⑤另手由下向前、向上
　繞圈延伸

⑥手至後方，輕點地

⑦轉身看向後方

◆貓伸展式

1. 初階動作：跪姿，微微抬頭吸氣凹背，尾骨向上伸展。呼氣
   腹部內收拱起背部，頭部完全向下放鬆。最後，吸氣回復原
   來位置。

2. 進階動作：跪姿，微微抬頭吸氣凹背，右（左）腿向後上方
   伸直。吐氣拱背將右（左）腿放下，反覆十次。最後，吸氣
   回復原來位置。

①跪姿預備，頸椎到頭頂呈一條線

②腰椎一節節往下，運用呼吸

③拱起背部

★替代動作：1.坐姿貓式：膝蓋下方可墊軟墊或毛巾。
　　　　　　2.站姿貓式：做背部的彎曲及伸展。
　　　　　　3.雙手平穩在牆壁上，做背部的彎曲及伸展。

◆下犬式

　　跪姿，頸椎到頭頂呈一條線。吐氣、雙手用力支撐將雙膝推離地面。大腿往後推，腳掌盡量踩實地面。拉伸下背部，尾骨向上伸展，固定十秒。最後，吐氣回至跪姿。

①跪姿預備，頸椎到頭頂呈一條線　②肚子內收，雙手推起，尾骨向上伸

★注意：視學習者的能力，若無法獨立完成此動作，指導員可使用如圖③
　　　　之彈力帶輔助器材，協助學習者，其替代動作如圖④。

③輔助器材　　　　　　　　　　④替代動作

★注意：1.可將膝蓋彎曲，做下背伸展。
　　　　2.站姿下犬式：雙手放牆壁，雙手伸直做下背伸展。

◆蝗蟲式

1.初階動作：上半身起身，俯臥趴在地上，頸部到頭頂保持垂直線，手在耳朵兩側。吸氣預備，吐氣肚子內縮，上半身順勢起身，注意胸椎不宜過度仰起，頸部到頭頂仍呈一直線。

2.進階動作：俯臥，雙臂放身體兩側，手掌心朝上，吐氣將頭部上升，上臂抬離地面，舒適俯臥在地板上。

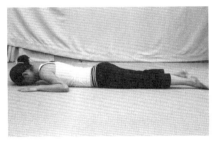

①俯臥地上，雙手在耳朵兩旁

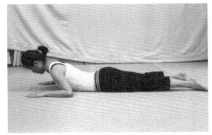

②吐氣肚縮，上半身順勢起身

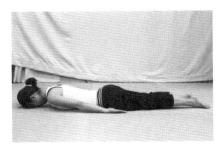

③俯臥地上，雙臂放身體兩側，手往腳方向延展

④吐氣肚縮，上半身順勢起身

★注意：1.俯臥時，額頭下方可放毛巾，讓頸部至頭頂保持一條直線。
　　　　2.起身時，上半身不宜過度仰起，讓頸部至頭頂保持一條直線。

◆鴿子式

1. 以跪姿為預備姿式，屈右腿成90度角，左腿向後伸直，雙臂向前延伸，身體輕放在右腿上。
2. 屈左腿成90度角，右腿向後伸直，雙臂向前延伸，身體輕放在左腿上。

①前腳大腿外側在地板，後腿向後延伸

②雙臂向前放鬆延展

(三)延展及緩和

「延展及緩和」是以身體延展的動作及躺的動作進行「大休息」，其方式如下：

1. 躺——調息呼吸，讓身體放鬆，找到自己最舒服的姿勢。
2. 屈膝墊高雙腳，讓身體放鬆，找到自己最舒服的姿勢。

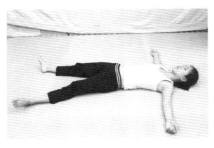

①大字型

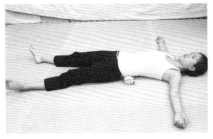

②若腰部下方不舒服，可放毛巾

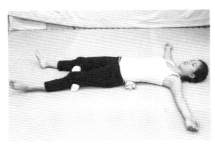

③若膝蓋不舒服，可在膝蓋下方放毛巾

④可找適當高度的檯子，讓腳放鬆，
　並拿毛巾覆蓋肚子，保持溫度

參考文獻

曾文星（2004）。《老人心理》。香港：中文大學出版社。

Asia HowTo 讓知識變常識。瑜伽動作教學－山式。http://www.
　　asiahowto.com/player.jsp?id=575

Chapter 8

高齡者抗力球運動

梁宛真

 學習目標

運用抗力球做動作練習的原理，編排銀髮族抗力球課程的動作，課程內容希望有效地伸展肌腱、肌肉及關節，訓練肌肉的穩定以矯正姿勢，讓身體核心肌群保持穩定及平衡。抗力球可為獨立課程，也可為各項課程中的輔助器材之一。指導者需注意在課程當中，還是要隨著各個學員的狀況及環境有所調整及改變。

致謝：

愛普適應體育工作室／協助指導

張芸溱老師／動作示範

本章對指導員強調：(1)專業知識；(2)倫理道德觀；(3)隨時瞭解並觀察學習者身體及心理狀況；(4)給予學習者適當的輔助器材，將動作達到相同功能。本章對學習者強調：(1)動作中呼吸；(2)身體的探索；(3)不勉強身體；(4)動作的過程中若有任何狀況，都須讓指導員知道。另需關心年長者身體及心理的轉變，包括：(1)視力的變化；(2)聽力的減低；(3)味覺的衰退；(4)皮膚與頭髮；(5)骨骼與關節；(6)消化與營養；(7)循環系統；(8)排泄系統；(9)性慾與生理（曾文星，2004）。

當然除了身體與生理的變化外，在精神方面也會有明顯的轉變（意指年長者在環境中忽然間的精神轉變），精神功能包括：(1)智力功能；(2)記憶力；(3)判斷力；(4)情感與情緒（情感較脆弱，不喜歡聽到不好的或是負面的消息，也不如年輕時候的自己能夠承受情感上的壓力，遇事容易膽怯也比較容易擔心）；(5)性格與態度。

所以教學者在課程中更要適當、適時、適度的出現正向、讚美、幽默的話語及氛圍，使年長學習者於課程中能身心放鬆並在自身最佳的狀態下學習。

一、輔助器材

(一)輔助器材功能

高齡者整體的身體循環功能皆持續退化中，尤其骨骼與關節的狀況更加明顯，所以高齡者更應該要加強身體的活動。而在進行身體活動時，更要注重預防傷害及避免二次傷害。所以在課程中指導員要好好運用輔助器材教導學習者，使學習者身體及心理都能達到

最好的效果及功能。

(二)輔助器材介紹

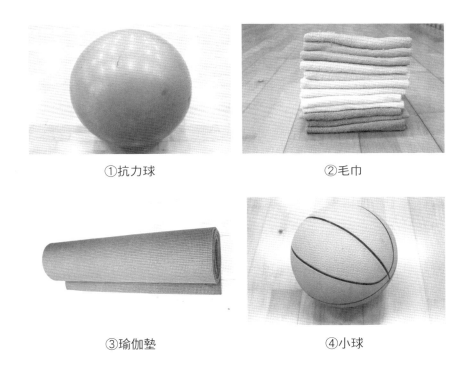

①抗力球   ②毛巾

③瑜伽墊   ④小球

二、基礎動作

　　進行抗力球課程前,首先可以先玩球、跟球培養默契、跟球當好朋友及可以讓身體瞭解球的方向。做任何動作時,以訓練身體的平衡為主。為防止抗力球四處滾動,可於抗力球下方放置瑜伽墊。課程包括:(1)坐球;(2)仰躺;(3)趴躺。茲分述如下:

高齡者身體活動設計與規劃

Physical Activities Design and Planning for Older Adults

(一)坐球

 1.臀部坐在球上，腳穩定踩在地上不動。

 2.手放於臀部兩旁的球上位置。

 3.臀部左右移動。

 4.上半身前後移動。

 5.臀部離開抗力球，身體做小小的彈動，再坐回原位。

 6.每回合以心裡或口令數到10，依此動作做三回。

①臀部坐在球上，腳穩定踩在地上，調整身體和球的位置

②臀部往右移動

③臀部往左移動

★注意：初學者一開始，請先將雙手扶在球上。避免一開始因不熟悉球的重心而跌倒的傷害。

①手張開在旁，並保持身體重心穩定

②臀部往右移動

③臀部往左移動

★注意：雙手放置球上的動作練習熟練後，可試著將雙手放開，過程中動
作視個別狀況調整。

①坐好預備

②骨盤往前

③骨盤往後

①練習完前後動作，手放開至兩旁

②骨盤往前

③骨盤往後

★注意：做動作過程中，兩腳踩穩，建議老師或同儕能在初學者旁給予安全保護。

◆創意動作

　　對於球的重心熟悉後，(1)手臂可嘗試張開在身體兩旁；(2)或隨意擺在身體任何位置，例如：手放頭上、手放肩膀、手插腰等。

(二)仰躺

1.坐在地上，背輕靠球，手放置臀部兩旁。

2.兩手輕推地板，臀部離地，上半身重心向後靠至球上。

3.上半身向後仰躺至球上，手輕扶在身體兩旁，維持重心，防止跌倒。

①坐在地上，背部輕靠球

②手輕推，臀部離地

③上半身仰躺至球上

(三)趴躺

1. 跪姿，雙腳跪在地上，前腳掌在地板上（膝蓋若不舒服者，可放毛巾在膝蓋下）。
2. 球輕放在大腿前側，手放至球上。
3. 上半身環抱球。
4. 雙手向前，左右手交換往前超過球到地板上，膝蓋順勢離開地板，腳離開地上。
5. 雙手推回至球上，將上半身移回至跪姿。
6. 依以上流程做五回。

①雙腳跪在地上，大腿前側貼著球，手輕扶球

②環抱球

③左右手交換向前

④腳離開地上

三、肌力訓練

(一)上半身肌力訓練

◆左右轉身（內外側腹肌）

　　雙腳站立與肩同寬，膝蓋微微彎曲。雙手伸直向前平舉呈90度，手掌張大抱住球，臀夾腹收，將球抱向右邊，之後停三秒回至前方，再換邊（左右各10次）。

①站在墊子上，雙手伸　②骨盤向前不動，上半　③骨盤維持方向，轉向
　直，手掌抱球　　　　　身轉身　　　　　　　　另一邊

★注意：球大小可做調整，對於手及肩曾受傷過或肌力不足的對象，可先
　　　　從小顆球開始練習。

①   ②

③

◆斜上舉球（內外側腹肌、肩胛周圍肌群及胸大肌）

　　雙腳站立與肩同寬，膝蓋微微彎曲。雙手伸直向前平伸呈45度，手掌張大抱住球，臀夾腹收，膝蓋蹲，身體往右扭轉，膝蓋伸直，雙手帶球順勢往右上斜後，停住三秒。回前方之後換邊（左右邊各10次）。

①手掌抱球於身前斜下　②身體轉向右方，手順　③身體轉向左方，手順
　方　　　　　　　　　　勢將球帶上　　　　　　勢將球帶上

◆手碰球（豎脊肌群；可依柔軟度調整球的大小）

　　1.正面：將球放至前方地上，雙手伸直舉至頭頂，身體向下彎
　　　曲，手順勢碰球，再回至頭頂上（10次）。

　　2.右側：將球放至右腳側邊，雙手伸直舉至頭頂，身體向右扭
　　　轉後向下碰球，手順勢碰球，再回至頭頂上（10次）。

　　3.左側：將球放至左腳側邊，雙手伸直舉至頭頂，身體向左扭
　　　轉後向下碰球，手順勢碰球，再回至頭頂上（10次）。

①雙手向上舉，若肩關節周圍肌群能力不足，雙手可舉一半　②前彎手碰球　③雙手回至上舉位置（如圖①），再換至左右兩側

◆球上仰臥起坐（腹肌群）

　　預備動作：坐姿，雙腳打開與肩同寬，腳掌穩定踩在地板上，雙手交叉在胸前，球置於下背及腰下方，下巴微收，腹部收縮上背離開球，停三秒後將上背慢慢放回（5～10次視個人能力）。

①下背先貼在球上，雙腳踩穩在地板上　②用肚子力氣微收，將上背帶離球，停留三秒後，再將上背慢慢放回

◆背部起身（豎脊肌群及肩胛周圍肌群）

　　預備動作：趴姿，雙膝跪在地上（若膝蓋不舒服可放毛巾在膝蓋下方），胸部及腹部要靠在球上，身體趴在球上雙手環抱球，之後上半身微微仰起20～30度，雙手順勢向旁張開在身體兩旁。停三秒，保持平衡，再慢慢回趴至球上。

①趴姿，抱球預備

②腹部縮，雙手由下向旁打開至身體高度，上半身順勢仰起

(二)下半身肌力訓練

◆單腳左右交換上提（臀大肌）

　　預備動作：跟趴球姿勢一樣，抗力球於腹部及髂腰的地方，保持平衡，注意直背，眼睛垂直地面，頸椎維持自然角度。兩腳併攏，右腳向上抬離地面，高度不需很高，右腳放下換左腳向上抬高（左右腳交換各20下）。

①趴姿，腳伸直預備

②左右腳交換往天花板方向抬腳

◆單腳左右腳交換90度勾腳上提（臀大肌進階訓練）

維持在趴球的位置上，抗力球於腹部及髂腰的地方，保持平衡，注意直背，眼睛垂直地面，頸椎維持自然角度。兩腳併攏，右腳向上抬離地面，小腿勾起與大腿成90度角，腳底平行於天花板。繼續保持平衡，右大腿離開球，再輕輕放下，注意腳底都平行於天花板（20下後換左腳）。

①膝蓋彎曲，腳板朝天花板

②腳朝天花板抬，雙腳交換

◆提臀（股四頭肌、臀大肌及豎脊肌群）

　　預備動作：跟躺球姿勢一樣，抗力球在肩膀及背的正下方，手可輕輕置於地板（適能力狀況）也可雙手叉腰，夾臀縮腹，盡量使臀部與膝蓋位置平行。然後再將臀部下放，但臀部與地板維持約10公分之距離（10下）。

①上背先貼在球上，兩腳穩踩在地上　　②臀部上推至與膝蓋平行，下巴微收

◆側身抬腿（股外側肌）

　　預備動作：側身於地上，左手托住左臉頰，縮腹夾臀，球放於右側大腿上方，右手扶住球。右側大腿向上抬，再將腿放下（左右各10下）。

①側躺預備，下腳彎，上腳伸直　　②上腳往上抬，順勢將球帶高

★注意：若球太大、太重，可換輕的或小的球做練習。

①　　　　　　　　　　　　②

◆勾球達陣

　　預備動作：躺在地上，雙腳小腿放置球上，雙手伸直在臀部兩側，腹部縮，維持平衡，將放在球上的雙腳帶動球往胸口方向縮腿，再慢慢推回原來的位置（10下）。

 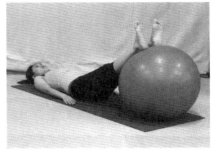

①雙腳放置球上　　　　②將球推出去，再回復原來的地方

◆馬蹄左右交換

　　預備動作：躺在地上，雙腳小腿放置球上，雙手伸直在臀部兩側，腹部縮，維持平衡，將放在球上的雙腳帶動球縮腿，左腳伸直在地上，右腳彎曲踩球，將球推回下方。再將雙腳小腿放置球上，換腳（左右共10下）。

①仰躺夾球預備　　　　②雙腳踩球，保持平衡

高齡者身體活動設計與規劃

Physical Activities Design and Planning for Older Adults

③膝蓋伸直

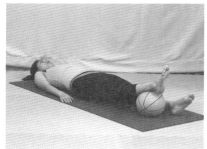

④單腳放置球上

⑤腳收回

⑥另一腳膝蓋彎曲

⑦雙腳踩球

⑧換腳

四、柔軟度延展

各姿勢使身體放鬆。

(一)趴姿抱球

預備動作：跪姿雙手扶球，雙手往前爬，抱住大球。接著前手肘在地板上，使下半身離開地板。

①跪姿預備　　　　　　②身體向前直至下半身離開地板

(二)躺姿延展

預備動作：坐姿預備，將背部貼至球上，腳推大腿用力，將上半身平躺至球上，讓後背延展及放鬆。

高齡者身體活動設計與規劃

Physical Activities Design and Planning for Older Adults

①坐姿預備   ②下半身移動直至背部平躺於球上

(三)大腿後側延展

預備動作：坐球。一腳腳踝背屈另一腳腳底踩穩在地上，上半身輕轉至右方，雙手至膝蓋往下延展（數5秒～10秒）。換邊。

①坐球預備   ②上半身側轉前彎，雙手扶膝

(四)地板延展動作

①正面預備，小球在正前方

②運用球的滾，身體向前

③運用腹部，將球帶回

④左右延展

高齡者身體活動設計與規劃

Physical Activities Design and Planning for Older Adults

⑤側身延展

⑥左右側身延展

★注意：1.若腳伸直對膝蓋有所負擔，可將膝蓋彎曲。
　　　　2.背部的肌力不足，背可靠牆壁做動作。

Chapter 9

高齡者水中有氧運動

簡雅婷

高齡者時常因肌力與平衡能力不足，造成日常生活身體活動的不便。水中運動因浮力可使關節的衝擊變小，承受的體重變輕，運動過程中也比較不會有運動傷害或跌倒受傷的問題。水中有氧可以增加心肺功能、肌力、肌耐力、柔軟度、減少體脂肪、增加骨質密度，在水中肌肉有多方向性的訓練可增加全身性的肌力與促進身體協調、平衡及預防跌倒等益處。

　　水中有氧課程的設計以走路、跑步、踢腿、搖擺步、剪刀步、跳躍六個基本動作，套用速度／受力面積、身體運動位置、動作大小、動作面、移位（S、W、E、A、T）五個動作變化方程式，熟悉後即可編排有效又安全的水中有氧運動課程。本章最後示範了水中暖身動作、肌力訓練動作及伸展動作，希望能幫助學習者練習時有參考的依據，也提供指導者有更多的教學素材來編排課程。

一、前言

(一)簡介

　　「水中有氧」顧名思義，就是在水中進行有氧運動，它和游泳完全不同，是一種保持頭部出水的狀態，身體保持垂直姿勢在水中進行全身性的運動，不但可增進身體健康適能，這樣的運動方式非常適合一般大眾，不會游泳也可以參加，透過專業教練的漸進指導都能很快適應這項水中健身運動課程。

　　水中有氧也稱「水中體適能」，源起於復健方法中的「水療」，只是在應用上從「治療」轉換成「鍛鍊」，對象則從「病患」延伸至「一般人」，在許多國家水中體適能課程已行之有年。

(二)分類

水中有氧運動依水位高低分為以下兩種：

◆淺水

水位在肚臍到乳線之間，這樣的水位對較不適水性或怕水的高齡者來說，經過專業教練二至三次指導水中穩定平衡技巧，漸漸就能控制身體直立在水中運動方式。

◆深水

水位在頸部以上（需使用浮力腰帶），這樣的水位較適合不怕水者。想從事者，建議最好必須具備基本的游泳技巧，以及略具對於水的特性適應者。

在此主要介紹淺水水中有氧。

(三)高齡者與水中有氧

◆高齡者為什麼適合從事這項運動？

高齡者時常因肌力與平衡能力不足，進而造成無法自行（自主性）從事日常生活上的活動能力，並且因肌肉退化或曾經受傷造成身體的不便，水中運動因著浮力可使關節的衝擊變小，承受的體重變輕，肌肉較不易有不適的現象，運動過程中也比較不會有運動傷害或跌倒受傷的問題。

水中有氧是可以增加心肺功能、肌力、肌耐力、柔軟度、減少體脂肪、增加骨質密度的運動，在水中肌肉有多方向性的訓練可幫

助增加全身性的肌力與促進身體協調、平衡及預防跌倒等。

　　水中是一個安全、隱密、趣味性的課程，非常適合高齡者從事的一項運動，透過有趣的運動方式也認識新朋友增進社交活動，可提升成就感使心情愉悅，輕鬆享受健康的退休生活。

◆高齡者應增加肌力與平衡能力

　　高齡者常因行進間肌肉無法瞬間控制平衡而跌倒，或因肌肉無力、肌肉收縮較慢，無法瞬間反應出動作而造成危險。舉例：紅燈轉為綠燈時無法立刻跨步向前走；看到車即將靠近將對自己造成危險時，步伐無法馬上停止等。水中的訓練環境能提供安全及有效訓練肌力與平衡能力，訓練過程進行瞬間停止與移位動作，可幫助肌力與身體平衡的訓練。

(四)注意事項

◆不應從事水中運動的狀況

　　身體有傷口、傳染病、膀胱或陰道發炎者不可從事，如有特殊
狀況或慢性疾病，例如：患有心血管疾病、糖尿病、高血壓、嚴重
低血壓、關節炎等慢性疾病者，必須先詢問醫生的建議，然而在要
從事前，也請務必事前主動告知指導教練個人健康狀況，確保運動
過程安全無慮。

◆課程提醒

　　水中運動無需在岸上暖身，所有的暖身與緩和伸展全都在水中
操作，因陸地與水中給身體的感受完全不同，應讓身體適應水中的
感覺，在水裡暖身較安全，也不容易在運動當中產生抽筋現象。

二、水的特性

(一)浮力

　　水的浮力會將人體向上推，依照每個人的體脂密度的不同感受也不盡相同，但基本上水位越深浮力越大，對於體重過重、下背痛、膝、踝關節受傷者也比較不會造成運動傷害。站立在水位及腰時重力減少50%；水位到乳線時為75%；水位在頸部時為90%則建議使用浮力輔助器材（提醒：高齡者暫不適合使用）。

(二)水壓

　　當肺部浸在水中時呼吸感覺較吃力，此時可以自然的強化呼吸肌群。水壓有助於血液循環，可舒緩緊繃的肌肉與下肢水腫的現象。

(三)慣性

　　順著慣性前進會使動作變得輕鬆，若突然改變方向對抗水的慣性，會變得較費力。

(四)阻力

　　當動作的速度愈快阻力愈大；動作的力臂愈長阻力愈大。在水中四面八方都是阻力，所有的動作都會影響阻力的大小。由於每個人的肌力大小不同，所以不能要求每個人速度都一樣。若老師上課

有使用音樂，學生也不可能按照節拍做出一致的動作。因此水中不但可提升心肺之外，多方向的阻力也可幫助肌肉均衡發展。

(五)地吸引力與浮力

　　水中運動是藉由浮力將人向上推，與陸地上的地吸引力相反，浮力對向上的動作會是助力，向下動作則會是阻力。也因每個人的骨質密度、體脂肪面積分布大小不同，浮力的感受也不同。因此水中運動可以訓練到平時較少用到的肌肉，有助於肌肉的均衡發展。

(六)作用力／反作用力

　　可藉由作用力的大小及方向調節運動強度，動作越用力反作用力越大，強度也越高。在水中可利用這個定律增加或減少阻力，輔助或阻礙行進。如跑步前進時向後推水、向後跳時向前推水即為輔助效果；但如果跑步前進時向前推水、向後跳時向後推水阻礙行進就能使運動強度增加。

161

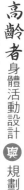
(七)速度與力量

　　當速度愈快，需要的力量就愈大。若在行進間浮力太大，腳底抓地力與身體平衡能力不足就無法有效的快速前進。

(八)力臂長短

　　力臂愈長、受力面積愈大則動作強度愈高，需要更多軀幹穩定肌群來做平衡，因此可自然的訓練到穩定肌群。

三、基本技巧與動作變化

(一)水中正確姿勢與基本技巧

◆良好的體線姿勢

　　每次下水時請注意身體直立站姿：保持耳朵、肩膀、髖骨、腳從側面看成為一直線，眼睛直視前方，下巴保持水平，肩膀下壓，背部保持正常曲線，脊柱向上延伸挺胸，腳掌踩穩至地面。

◆搖櫓動作

　　雙手掌心朝下，以五指展開（蛙掌）方式，高度在髖骨斜前方畫扁平的「∞」字形，此動作主要幫助身體直立在水中時，能保持身體穩定平衡並可控制良好運動姿勢，也能有效輔助移位動作與調整運動強度。

◆恢復為直立姿勢

　　在水中當腳滑時而失去平衡，必須能夠不慌不忙的恢復為直立姿勢，是一種水中有氧運動的安全性的技巧。如當身體微微向前傾斜時，雙手向前撥水，向後時則向後撥水，身體向右傾斜時，雙手向右撥水，向左時則向左撥水，即可恢復直立姿勢。

(二)六個基本動作

◆走路

①以自然的方式向前、後退　　　　②側走

163

◆ 跑步

①大腿向上抬高

②側抬

③後勾跑

◆ 踢腿

①抬膝將小腿向前踢
出，左右腳交替

②前後踢腿

③側踢腿

◆搖擺步

①身體重心左右前傾斜搖擺，雙腳大腿向上抬，雙
手配合向下壓水

②身體重心前後傾斜搖擺，兩腳前後分開，重心向前
小腿後勾雙手前抱水，重心向後前腳抬雙手向後撥
水

◆剪刀步

①前腳弓步，後腳箭
　步，不同手同腳左右
　協調交替

②雙腳雙手左右開合

◆跳躍

雙腳併攏向上跳，同時雙手向下壓水（需使用教學椅示範）

(三)動作變化（SWEAT方程式）

◆S（Surface Area/Speed）：受力表面積的大小和速度
的快慢

四個手部動作變化──改變受力面積的大小。

第一級：切划（五指併攏）

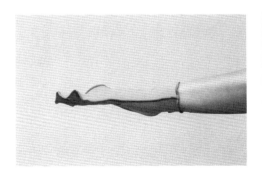

第二級：握拳

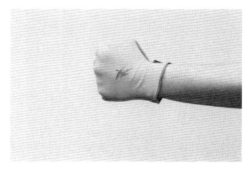 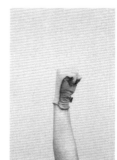

第三級：手杯（五指併攏成杯狀）

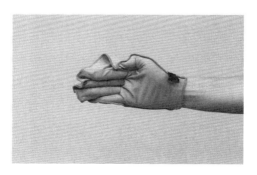 

第四級：蛙掌（五指伸直張開）

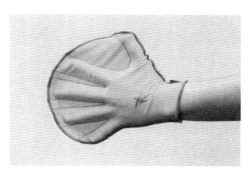 

◆W（Working Positions）：身體運動位置

1. 伸直：身體直立姿勢做動作。
2. 中性：重心身體蹲低，頸部以下浸在水中，可使動作幅度加大。
3. 彈跳：對抗地吸引力身體垂直跳起，務必注意身體姿勢與手部輔助平衡。
4. 懸浮：雙腳離地不碰觸地面，成漂浮狀態（身體仍維持直立姿勢）。

◆E（Enlarge）：動作加大

動作幅度與關節活動範圍加大以增加運動強度。

◆A（Around body）：身體或關節四周各個動作面

如前後剪刀步可以變化成左右的剪刀開合步、左右的搖擺步變成前後搖擺步，可達到均衡的肌肉訓練。

◆T（Travel）：移位

身體動作往各個方向移動，前進、後退、左右、斜前、斜後、環狀等，運用移位能有效的提升運動強度與身體各方向的穩定控制。

以上六個基本動作可套用S、W、E、A、T五個方程式，熟悉後即可編排有效又安全的水中有氧運動課程。套用方程式讓不同體能狀況能自行調整運動強度及方式，使身體的肌肉達到均衡適當的訓練，若當中加點巧思與創意更使課程生動活潑。

四、水中安全須知與教學

(一)水中有氧運動的基本配備：蛙掌手套

　　蛙掌手套主要目的是幫助身體在水中的穩定與平衡技巧，運用蛙掌手套的受力面改變可使動作增加阻力或助力，幫助全身肌群與平衡的訓練。

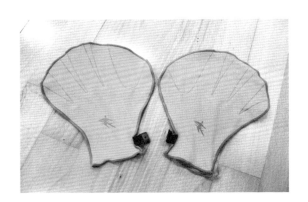

(二)教練安全

1. 應接受急救訓練並取得急救證明文件，如CPR。
2. 上課時應有救生員執勤，萬一沒有救生員可請技巧較好的學員在較弱者從旁協助。
3. 特殊學員應做健康篩檢。
4. 戶外上課應注意防曬措施，避免在太陽下上課。
5. 上課前將所需器材音樂準備好，多使用麥克風以保護聲帶。
6. 適當穿水中止滑鞋，以保護雙腳預防跌倒。目前國內尚無研發水中有氧專用鞋，可用溯溪鞋代替。

7.水中運動服裝：褲子以深色緊身為主，上衣至少要貼身，才
　能使學員看得清楚教學者的動作。

8.瞭解輔助器材的使用方法：教學椅、球、浮條、彈力帶、浮
　力啞鈴等。

9.示範正確動作指導學員，但不必全程一直做動作。

10.適當運動水溫在26℃～30℃之間，適時觀察學員體溫調
　　節，以免體溫過低發抖。

(三)學員安全

1. 不戴泳鏡與矽膠泳帽：運動過程頭部完全不下水，所以可以不需要戴泳鏡，泳鏡橡膠帶過緊造成氧氣不輸送使頭部暈眩，矽膠泳帽套口緊且不易散熱使頭部有不適感，可使用其他透氣材質的帽子替代。是否可戴一般眼鏡與不戴泳帽要依泳池的規定。

①網狀泳帽

②棉質泳帽

③運動帽

2. 要求學員告知任何病況，上課前請先如廁，若中途離開泳池時須告知。
3. 上下水池時應背向泳池。
4. 讓學員熟悉泳池狀況，如泳池深度的高低位置。
5. 必須能夠從水平漂浮的姿勢恢復為直立姿勢。

(四)岸邊與水中教學

◆岸邊教學

1.優點：

(1)容易看到所有學員的動作，可以迅速指導修正動作與回饋。

(2)學員容易看見教學者的動作，使學員學得比較快。

2.缺點：

(1)比較不能完全有效的模仿水中動作。

(2)岸邊濕滑、氣溫較高，比較危險。

◆水中教學

1.優點：

(1)對教學者比較安全也有趣。

(2)對學員有鼓勵作用。

(3)有利於水中的正確示範。

2.缺點：

(1)學員看不清楚下肢的示範動作。

(2)不容易聽得到教學者的指令。

五、課程設計

高齡者水中有氧課程最適當的時間長度為四十至五十分鐘。若怕冷可穿長袖貼身保暖衣下水，身體保持運動狀態，不可停下來。操作動作每一步腳掌均踩到池底，膝關節略為彎曲，重心緩衝至大腿臀部降低衝擊力，身體保持直立狀態。做上肢肌力動作時須將手腕關節固定，運動過程非必要，手部盡量勿高舉過頭的動作。

(一)浮力暖身（約4～5分鐘）

1.找到適合自己的水位，在肚臍與乳線之間。

2.搖櫓動作調整身體穩定平衡，隨時注意身體正確姿勢。

3.以低強度的基礎動作（如走路、跑步動作），使肌肉與關節活動開來。

(二)心肺暖身（約8～10分鐘）

1.以低強度的基礎動作開始做移位動作，特別要注意軀幹的穩定。

2.逐漸增加運動強度，使心跳漸進加快。

(三)主運動：心肺與肌力（約20～25分鐘）

◆心肺訓練

1.以六個基本動作套用SWEAT方程式調整運動強度，均衡訓練各肌肉群。

2.變換動作避免局部肌肉疲勞。

3.監測運動強度：通常以自覺吃力度量表（RPE）來評量（**表9-1**），或談話測試法來監測運動強度，以簡短的對答，不應該上氣不接下氣說不出話的強度為宜。

4.水中心肺訓練準則：

(1)增加運動強度的方法（4個S）：

• 用搖櫓動作保持穩定（Stabilize）。

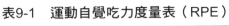

表9-1　運動自覺吃力度量表（RPE）

原版	修訂版
6	0　nothing at all（毫無感覺）
7　very, very light（非常非常輕鬆）	0.5　very, very weak（非常非常微弱）
8	1　very weak（很微弱）
9　very light（很輕鬆）	2　weak（微弱）
10	3　moderate（中度）
11　fairly light（輕鬆）	4　somewhat strong（有些強）
12	5　strong（強）
13　somewhat hard（有些吃力）	6
14	7　very strong（很強）
15　hard（吃力）	8
16	9
17　very hard（很吃力）	10　very, very strong（非常非常強）
18	11
19　very, very hard（非常非常吃力）	12　Absolute maximal（最大極限）
20	

- 動作加大（Size）。
- 更用力推水，增加動作速度（Speed）。
- 繼續採用SWEAT方程式增加運動強度。

(2)降低心肺運動強度的方法（4個S）：

- 動作減慢（Slow）。
- 動作縮小（Small）。
- 用搖櫓動作保持穩定（Stabilize）。
- 換一個替代動作或修改動作（Substitute）。

◆肌力訓練

1.注意學生臉色變化，用力時吐氣，不可憋氣。

2.觀察學生體溫較低時，若做手部肌力訓練時，腿部應繼續輕鬆做動作來維持體溫。

3.水中肌力、肌耐力訓練準則：

(1)從低強度漸進為高強度：

低強度→增加速度／力量→增加受力面積→再加速→移位→加快移位→加上軀幹穩定性難度（成為懸浮狀態）→高強度

(2)從高強度遞減為低強度：

高強度→腳掌踩池底（減少軀幹穩定性難度）→停止移位→減慢速度→縮小受力面積→縮小動作幅度→留在原處→低強度

高齡者身體活動設計與規劃

Physical Activities Design and Planning for Older Adults

◆功能性訓練

　　模擬日常生活中的動作，強化較需要穩定的肌肉群、敏捷性與平衡感。如上下樓梯、提菜籃等，根據使用的肌肉設計課程。

　　1.肌力不足→強化肌力。
　　2.肌肉短而緊→伸展放鬆。

◆趣味性動作或遊戲

　　模仿運動項目的動作，如拳擊、棒球等，或是樂器，如打鼓、彈鋼琴。也可安排競賽遊戲，使課程更加活潑有趣。

(四)保暖緩和與伸展（約8～10分鐘）

　　1.運動強度漸緩，要注意體熱調節。
　　2.伸展時腿部持續輕微的動態動作保暖。

3.做簡單輕鬆又可保暖的浮力動作，維持體溫直到上岸。

六、教學課程設計

(一)水中教學課程設計（範例）

◆暖身運動（12～15分鐘）

走路 4～5分鐘	【S】手部動作：受力表面積速度（搖櫓、切划）作改變 【W】運動位置：中性位置 【E】手腳範圍：動作由小加大 【A】身體或關節四周：原地轉身 【T】移動位置：前進、後退、左右兩側、左右斜前 運用手部（搖櫓、切划）動作維持身體在水中的穩定及協調，重複練習
跑步 4～5分鐘	【S】手部動作：受力表面積速度（搖櫓、切划、握拳、蛙掌）作改變 【W】運動位置：中性位置、彈跳 【E】手腳範圍：協調方式動作由小加大 【A】身體或關節四周：原地跑轉一圈再回轉 【T】移動位置：前進、後退、左右兩側、左右斜前 循序漸進方式小跑步→中型跑步→大型跑步方式，變化方式前跑→倒退跑→左跑→右跑→轉身180度折返跑
踢腿 4～5分鐘	【S】手部動作：受力表面積速度（搖櫓、切划）作改變 【W】運動位置：中性位置、彈跳 【E】手腳範圍：協調方式動作由小加大 【A】身體或關節四周：前踢、側踢、後踢 【T】移動位置：前進、後退、左右兩側、左右斜前 踩步前踢小腿（左右腳交替練習），手部動作身體平衡協調練習，踩步前踢大腿（交替練習），手抓腳尖靜止動作，下背及腿部伸展。雙手兩側對抗水的阻力推水，協調方式將動作做大

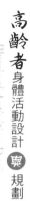
◆主運動（20～25分鐘）

心肺訓練 （搖擺步） 4～5分鐘	【S】手部動作：（切划、蛙掌）作改變 【W】運動位置：中性位置、彈跳 【E】手腳範圍：協調方式動作由小加大 【A】身體或關節四周：原地手腳前後、兩側協調。轉一圈再 　　　回轉 【T】移動位置：前進、後退、左右兩側、左右斜前 原地小跑漸漸改變成中型跑步雙腳張開跑步，改變成移動式重 拍右腳著地跑，身體配合重心位置，反覆左邊方向，再改變成 右左斜側方向，調整成正面方向。或單腳彈跳，交替後改變次 數（由多變少），循序漸進動作加大
肌力訓練 （胸部及背 部肌群） 2～3分鐘	【S】手部動作：（切划、握拳、蛙掌）作改變 【W】運動位置：中性位置 【E】手腳範圍：協調方式動作由小加大 【A】身體或關節四周：原地手腳前後、兩側協調 【T】移動位置： 單手平行緩慢前移，雙手前移，改變受力面積，增加雙手變化 用力前推水，同時增加水的阻力，或加快速度
心肺訓練 （剪刀步） 4～5分鐘	【S】手部動作：（切划、握拳、蛙掌）作改變 【W】運動位置：中性位置、彈跳 【E】手腳範圍：協調方式動作由小加大 【A】身體或關節四周：原地手腳前後、兩側協調 【T】移動位置： 正面前弓箭步左右腳交替練習，循序漸進加快速度及手部動作 變化，改變成正面左右開合跳，再改變左右斜前方或斜後方。 或兩腳合併跳，改變成兩腳前後分開跳，再改變成開合跳
肌力訓練 （上肢及核 心肌群） 2～3分鐘	【S】手部動作：（握拳）作改變 【W】運動位置：中性位置 【E】手腳範圍：協調方式動作由小加大 【A】身體或關節四周：原地、左右兩側或左右斜前 【T】移動位置： 單手握拳緩慢前推，雙手左右交替練習改變次數，增加速度同 時可增加水的阻力

心肺訓練（跳躍）3～4分鐘	【S】手部動作：（搖櫓、杯狀、蛙掌） 【W】運動位置：離地跳躍 【E】手腳範圍：協調方式動作由小加大 【A】身體或關節四周：原地跳躍或膝關節彎曲跳躍 【T】移動位置：後退、左右兩側、左右斜前 原地雙腳合併離地跳，左右斜前，向前後移動跳，左右兩側移動跳，阻力亦會增加，相對運動強度亦會增加
肌力訓練（懸浮練習）2～3分鐘	【S】手部動作：（搖櫓、蛙掌） 【W】運動位置：中性位置、懸浮 【E】手腳範圍：協調方式動作由小加大 【A】身體或關節四周：原地單腳、雙腳合併離地、抬膝雙腳張開離地、雙腳張開踢腿 【T】移動位置：增加懸浮動作變化運動方式，向前及向後移動跳 單手握拳緩慢前推，雙手左右交替練習改變次數，增加速度同時可增加水的阻力
心肺訓練（跑步）3～4分鐘	【S】手部動作：受力表面積速度（搖櫓、切划、握拳、蛙掌）作改變 【W】運動位置：中性位置、彈跳 【E】手腳範圍：協調方式動作由小加大 【A】身體或關節四周：原地跑轉一圈再回轉，再複習先前動作 【T】移動位置：前進、後退、左右兩側、左右斜前 循序漸進方式小跑步→中型跑步→大型跑步方式，變化方式，左一段再轉右斜前跑段，交替進行

◆緩和運動（8～10分鐘）

踢腿2～3分鐘	【S】手部動作：（搖櫓、切划）作改變 【W】運動位置：中性位置、彈跳 【E】手腳範圍：協調方式動作由小加大 【A】身體或關節四周：前踢、側踢、後踢 【T】移動位置：前進、後退、左右兩側、左右斜前 動作速度放慢，踩步前踢小腿（左右腳交替練習），手部動作身體平衡協調練習，踩步前踢大腿（交替練習），手抓腳尖靜止動作，下背及腿部伸展。雙手兩側對抗水的阻力推水，協調方式將動作做大

走路 2～3分鐘	【S】手部動作：受力表面積和速度（搖櫓、切划、蛙掌）作改變 【W】運動位置：中性位置 【E】手腳範圍：協調方式動作由小加大 【A】身體或關節四周：原地轉身 【T】移動位置：前進、後退、左右兩側、左右斜前 手臂放鬆兩側展開前進走一段，再將手臂放鬆於前身體成弧形往後走，來回練習
伸展 4～6分鐘	伸展示範動作請參閱189～194頁

　　以下參考動作請依學員能力增加或減少力臂、受力面積、次數與速度。

(二)水中暖身參考動作

　　每組動作時間約1～2分鐘。

◆搖櫓併步側移

　　身體直立穩定，大腿開合併步側移，強化大腿內外側及軀幹的穩定度。

◆抬膝跨步前行

抬膝跨大步向前直行，強化腹部肌群的穩定性。

◆髖部側抬腿

搖櫓保持身體穩定，小腿彎曲大腿側抬，將腳靠近手部的高度，左右腳連續交替操作，可增加大腿外側、臀部、側腰部的肌肉訓練，以增進髖關節活動範圍。

◆前勾腿

搖櫓保持身體穩定，以踢毽子的方式將小腿勾起，靠近對邊手掌，可增加大腿內側肌肉訓練。

◆抬膝側抬腿

膝蓋保持微彎，身體直立穩定，雙手平舉在身體兩側（不超出水面），單腳抬膝向上，腳跟延伸腳尖盡量靠近手掌，以強化大腿前側肌肉收縮，也可伸展到大腿後側。

(三)水中肌力訓練參考動作

　　每組動作約8～12次，可做1～3回，過程中不可憋氣，手部肌力訓練時身體須呈中性運動位置。

◆胸大肌訓練

　　站弓箭步軀幹保持穩定，操作過程中盡可能不搖晃，肩膀下壓背部保持正常曲線，雙手平舉在身體前方，掌心向下輕鬆切水往後，翻掌使受力表面積加大向前用力抱水。

◆肱三頭肌訓練

　　站弓箭步軀幹保持穩定，操作過程中盡可能不搖晃，肩膀下壓背部保持正常曲線，手肘夾緊在腰部兩側，掌心相對輕鬆切水向前，翻掌使受力表面積加大向後用力推水。

◆臀大肌訓練

　　單腳站立膝蓋微彎，軀幹保持穩定，操作過程中盡可能不搖晃，腿部放鬆抬膝向前，伸直用力向後抬腿，雙手配合腿部做出協調平衡動作。

◆中斜方肌與菱形肌訓練

　　站弓箭步軀幹保持穩定，操作過程中盡可能不搖晃，肩膀下壓背部保持正常曲線，雙肘彎曲在身體兩側，掌心向下輕鬆切水向前，翻掌使受力表面積加大向後用力撥水夾背。

◆腿內收與外展肌訓練

　　單腳站立膝蓋微彎，軀幹保持穩定，操作過程中盡可能不搖晃。

1. 腿部放鬆抬至左側（腳尖朝前），大腿內側用力向內收腿，雙手配合腿部做出協調平衡動作。
2. 用力方向相反實施動作則為大腿外側訓練。

◆肱二頭肌訓練

　　站弓箭步軀幹保持穩定，操作過程中盡可能不搖晃，肩膀下壓背部保持正常曲線，手肘夾緊在腰部兩側，掌心朝上向上撥水。

◆腹部肌群訓練

　　雙腳平行站立軀幹保持穩定，操作過程中盡可能不搖晃，肩膀下壓背部保持正常曲線，手肘夾緊在腰部兩側，掌心合併向左右兩側撥水。

(四)水中伸展示範動作

　　每種動作時間約10～20秒，左右交替各做2次。

◆胸部伸展

　　身體中性姿勢（肩膀浸泡在水下），手臂放鬆水平向後伸直，掌心朝前，步行向前走，使水流將手臂向後推，進而達到伸展效果。

◆ 背部伸展

　　身體中性姿勢（肩膀浸泡在水下），背部拱起腹部內收，肩膀放鬆雙手向前延伸，腳掌推地向後移動。

◆體側伸展

單手向上延伸，另一手放鬆置於水面，身體呈半弧形，向弧形
的方向小步伐側移。

◆大腿前側伸展

單腳站立膝蓋微彎，小幅度的輕跳維持體溫，手握住腳踝向臀
部貼近，雙腿併攏，另一隻手以搖櫓保持身體平衡。

高齡者身體活動設計與規劃

Physical Activities Design and Planning for Older Adults

◆大腿後側伸展

單腳站立膝蓋微彎，小幅度的輕跳維持體溫。

1.柔軟度較差者，可用雙手扶著小腿後側，身體挺直腿朝正前方向上抱起。

2.柔軟度較佳者，可單手抓腳尖，身體挺直腿朝正前方向上抬起，另一隻手以搖櫓保持身體平衡。

◆大腿內側伸展

單腳站立膝蓋微彎，小幅度的輕跳維持體溫。

1.柔軟度較差者，可用手肘勾住膝蓋後方，將大腿向外展，小腿放鬆，另一隻手以搖櫓保持身體平衡。

2.柔軟度較佳者，可單手抓腳尖或小腿後方，將大腿向外展，另一隻手搖櫓保持身體平衡。

◆臀部伸展

　　身體挺直重心成中性姿勢，單腳盤腿將腳踝放在另一隻大腿上。

1.柔軟度與平衡較差者，可用底下的腳板輕跳稍微離地，兩隻手搖櫓保持身體平衡。

2.柔軟度與平衡較佳者，可採間歇性離地動作將腳抬靠近身體，兩隻手搖櫓保持身體平衡。

高齡者身體活動設計與規劃

Physical Activities Design and Planning for Older Adults

◆肱三頭肌伸展

　　雙手出水，肘關節彎曲於頭部後方，另一隻手扶住肘部上方，往頭靠近，維持小跑步避免發冷。

參考文獻

Mary E. Sanders編著，柳家琪、李麗晶編譯（2005）。《WaterFit水中體
    適能教學手冊》。新北市：易利圖書。

柳家琪、詹淑珠、黃蕙娟、戴琇惠編著，台灣水適能協會主編
    （2011）。《水適能運動入門》。新北市：揚智文化。

台灣水適能協會，http://www.aquatafa.org.tw

高齡者健康促進系列叢書

高齡者身體活動設計與規劃

主　　　編 / 洪大程
作　　　者 / 侯青雲、蕭秋祺、錢桂玉、梁宛真、洪大程、
　　　　　　簡雅婷
出　版　者 / 揚智文化事業股份有限公司
發　行　人 / 葉忠賢
總　編　輯 / 閻富萍
特　約　執編 / 鄭美珠
地　　　址 / 新北市深坑區北深路三段 260 號 8 樓
電　　　話 / (02)8662-6826
傳　　　真 / (02)2664-7633
網　　　址 / http://www.ycrc.com.tw
　E-mail　 / service@ycrc.com.tw
　I S B N　 / 978-986-298-233-4
初版一刷 / 2016 年 8 月
定　　　價 / 新台幣 280 元

＊本書如有缺頁、破損、裝訂錯誤，請寄回更換＊

國家圖書館出版品預行編目（CIP）資料

高齡者身體活動設計與規劃 / 侯青雲等著；
洪大程主編. -- 初版. -- 新北市：揚智文
化, 2016.08
　　面；　公分. --(高齡者健康促進系列叢書)

ISBN 978-986-298-233-4(平裝)

1.老人養護 2.休閒活動 3.運動健康

544.85　　　　　　　　　　　105013440